SURVIVRE AU DEUIL

L'intégration de la perte

Isabelle Delisle

Deuxième tirage

Éditions Paulines & Médiaspaul

DU MÊME AUTEUR

J'ai le goût de vivre, Éditions du Jour, 1975.

Vivre en amour, Éditions du Jour, 1978.

Précis de nutrition, Éditions Guérin, 1980.

Vivre son mourir (de la relation d'aide aux soins palliatifs), Éditions de Mortagne, 1982.

Les grands tournants de la vie, Éditions de Mortagne, 1985.

À l'écoute de sa vie (Concept Santé), Éditions de Mortagne, 1986. (réédition)

Composition et mise en page: *Les Éditions Paulines*

Maquette de la couverture: *Antoine Pépin*

Photos: *Mia & Klaus*

ISBN 2-89039-152-3

Dépôt légal — 4e trimestre 1987
Bibliothèque nationale du Québec
Bibliothèque nationale du Canada

© 1987 Les Éditions Paulines
    3965, boul. Henri-Bourassa est
    Montréal, QC, H1H 1L1

    Médiaspaul
    8, rue Madame
    75006 Paris

Tous droits réservés pour tous les pays.

Dédicace

Je dédie cet ouvrage à tous mes étudiants passés et à venir, à mes collègues de travail qui poursuivent les mêmes objectifs de formation et à tous les intervenants sociaux qui sont soucieux d'aider les personnes à intégrer leur perte et à trouver un sens à leur existence.

Je remercie tous ceux et celles qui par leur témoignage ont collaboré à la rédaction de cet ouvrage.

Préface

Survivre au deuil... voilà un titre qui pose question car il contient deux mots qui semblent s'affronter. Oui, il s'agit bien d'une confrontation; l'auteur nous invite à une confrontation avec la vie et les expériences les plus pénibles qu'elle renferme. Une telle invitation serait carrément rebutante si nous n'étions pas assurés d'être entre bonnes mains. La lecture que j'ai faite de cet ouvrage m'a permis de découvrir des indices faisant foi des attitudes que l'auteure veut y véhiculer.

J'ai tiré de son texte une phrase qui reflète bien le but qu'elle poursuit: «Nous avons besoin d'apprivoiser la souffrance puisqu'elle fait partie intégrante de notre vie[1].»

Mais Isabelle Delisle ne se contente pas d'essayer de nous faire apprivoiser la souffrance comme on le ferait avec un animal féroce en sachant fort bien qu'on ne peut jamais lui tourner le dos. Elle nous amène au-delà de ce comportement de méfiance en nous apprenant à transformer une perte, un deuil en occasion de croissance. Comment s'y prend-elle?

Elle nous offre d'abord une recherche bien documentée. En effet, tout au long de l'ouvrage on retrouve des informations provenant de recherches scientifiques récentes et de différents auteurs qui contribuent depuis longtemps à l'avancement de la psychologie et des sciences connexes. Ces informations constituent les

---

1. Cf. Infra, p. 187.

fondements théoriques qui nous permettent de mettre des mots sur nos réalités existentielles.

Elle a aussi recours à de nombreux témoignages qui ne visent pas le sensationnalisme mais plutôt à nous faire comprendre et intégrer le sens profond des réalités qu'elle décrit.

Voilà pour la technique utilisée. Mais cette technique, même parfaitement appliquée, tournerait à vide si ce n'était de la qualité de l'itinéraire que l'auteure nous propose. La première étape de cet itinéraire consiste à trouver un sens à la souffrance.

La souffrance nous apprend à être. Elle nous permet de découvrir nos forces et nos limites. Lorsqu'elle est bien vécue et correctement assumée, elle donne un germe de création. La souffrance est porteuse de vie. Ce premier arrêt nous ouvre de nouveaux horizons dans notre façon d'aborder la souffrance et il en résulte que nous pouvons mieux vivre notre condition humaine.

Mais l'homme vit aussi des réalités spirituelles. Il a donc besoin de trouver un sens spirituel à la souffrance. L'auteur a donc prévu une deuxième étape à notre itinéraire où, tout doucement, elle guide nos pas vers notre «château intérieur». Là aussi, on découvre que la souffrance nous apprend à *ÊTRE*.

Il importe de souligner que notre être humain et que notre *ÊTRE* spirituel ne sont pas deux personnalités, encore moins deux personnes différentes. Nous devons tendre à être *UN* en unifiant ces deux aspects de notre personne. Tout travail de croissance personnelle devrait viser cette unification, sinon il ne nous permet pas de vivre pleinement l'actualisation de toutes nos potentialités.

Les éléments que j'ai dégagés de l'ouvrage confirment que nous sommes entre bonnes mains. En acceptant de répondre à l'invitation de l'auteure, nous nous engageons sur un chemin qui mène vers une plénitude de vie.

Johanne Pépin, Ph. D.
Psychothérapeute

Les objectifs de cet ouvrage

L'objectif général

Se situer face à une situation de perte, afin de trouver à l'intérieur de nous-mêmes, les éléments qui nous permettront de l'intégrer.

Objectifs spécifiques

— Prendre conscience des pertes que nous vivons.

— Identifier les moyens que nous prenons pour y faire face.

— Différencier le comportement de chagrin normal du pathologique.

— Identifier les attitudes face à la perte chez: l'enfant, l'adolescent, l'adulte, la personne d'âge mûr.

— Reconnaître les réactions de deuil que peut engendrer la mort par suicide.

— Identifier les réactions physiques et psychologiques à la perte d'un conjoint.

— Apprendre à «laisser partir».

— Apprivoiser la souffrance.

— Vivre dans la «Joie d'être».

Introduction

La vie nous offre maintes occasions de faire face à des ruptures, à des deuils, des pertes de toutes sortes qui nous placent en situation d'adaptation constante. Toute perte provoque une certaine désorganisation chez la personne qui doit la vivre. Elle la plonge dans un sentiment d'affliction qui perdure, plus ou moins longtemps, dépendamment de l'intensité des liens.

Le travail de deuil ne se réfère pas uniquement à un décès, mais à différentes pertes aux différents stades de la vie. En effet, la problématique «grandir-vieillir» est, dès le départ, une problématique de deuil. L'enfant doit se séparer de sa mère pour entrer à la garderie et ensuite faire son apprentissage scolaire. L'adolescent quittera la maison familiale pour faire son apprentissage d'adulte. Nous avons continuellement à prendre congé de quelqu'un ou de quelque chose, à «quitter et à laisser partir».

Aider l'enfant à accepter les séparations successives qui jalonnent son existence comme perdre un petit animal, par exemple, et, l'aider à accepter cette perte de l'objet d'amour sans pour autant l'inciter à oublier l'objet ou la personne, mais lui montrer que d'autres petits animaux ou d'autres objets ou personnes peuvent être aimés par lui sans qu'il trahisse le souvenir de ce qu'il a perdu, c'est lui permettre d'établir des relations symboliques avec les personnes et les objets d'amour. Les parents surprotecteurs qui veulent éviter tout chagrin à l'enfant en l'empêchant de vivre certains détachements ne lui facilitent pas l'intégration de ses pertes et ne le préparent pas pour affronter la vie d'adulte avec tout ce qu'elle peut offrir d'occasions de croissance à travers ce que nous appelons «perte».

Le problème de la perte est central dans toute existence humaine et sa signification quelle qu'elle soit, tient au cœur de l'individu.

La personne est tributaire d'elle-même, en ce sens qu'elle est essentiellement un être qui a des projets et qui se propose d'atteindre les buts qu'il s'est fixés. Vivre des pertes c'est, pour certaines personnes, ne pas atteindre les buts poursuivis. Mais la personne n'a pas seulement des projets particuliers, elle est elle-même «projet».

La perte radicale ne serait-elle pas l'échec de son «projet d'être»?

Les pertes portent donc sur les intentions que nous avons et sur l'intention que nous sommes. N'arrive-t-il pas qu'à travers toutes ces pertes la personne réussisse à être?

Le travail de deuil se réfère à cette notion de solitude que Winnicott a développée dans la «capacité d'être seul». Cette capacité s'élabore dès la petite enfance. C'est l'enracinement du sentiment qu'un bébé éprouve de pouvoir vivre avec lui-même, sans angoisse, seul, même en la présence d'autres personnes: c'est l'expérience d'être seul, en tant que nourrisson et petit enfant en présence de la mère.

Cette capacité qui se développe avec les années doit pouvoir commencer très tôt: les parents donnant assez de sécurité au nourrisson pour qu'il puisse développer une relation à son «moi».

L'éducation à la solitude doit se faire tout au long de la vie. La disparition d'un conjoint ou d'une autre personne chère sera plus facilement intégrée si l'individu a développé cette «capacité d'être seul».

Nous explorerons dans cet ouvrage différentes situations de pertes aux différents âges de la vie et comment une expérience de deuil peut devenir un moyen de croissance et une redécouverte du sens de l'existence plutôt qu'une expérience dévastatrice au niveau physique et psychologique.

Avant-propos

L'étude du deuil a commencé au début du siècle avec les travaux de Freud. Le premier traité portant sur le deuil remonte à 1915 avec son article intitulé «Deuil et mélancolie».

Sa principale contribution repose sur l'élaboration de la réaction psychologique conséquente à la perte, soit le travail de deuil. Ce travail consiste en une opération du moi visant à libérer la «libido» d'un objet d'attachement. Cette tâche psychique est nécessaire et doit s'effectuer pour qu'un détachement graduel de l'objet perdu se réalise pour enfin rendre possible de nouveaux attachements. Cette théorie ainsi que celle de nombreux psychanalystes se résume en la reconnaissance d'un travail de deuil qui s'effectue par l'introjection de l'objet d'amour perdu conduisant à un relâchement progressif du lien libidinal.

Il existerait un lien entre la disparition du complexe d'Oedipe et la résolution du deuil en observant que, dans les deux cas, il y a un processus semblabe d'abandon des objets d'amour qui s'effectue au moyen de l'intériorisation. Ce qui signifie que l'issue de ce conflit détermine les réactions ultérieures dans la situation de perte.

PREMIÈRE PARTIE

LES PERTES QUE NOUS VIVONS

Tout ce qui t'arrive, accepte-le;
dans les hauts et les bas de ta pauvre vie,
prends patience.
Car l'or s'éprouve au feu, dans un creuset,
et l'homme de Dieu dans l'humiliation.
Mets en Dieu ta confiance:
c'est Lui qu te relèvera.

Siracide 2, 1-6

CHAPITRE PREMIER
LA PERTE

A) LA PERTE VERSUS LE DEUIL

B) DIFFÉRENTES FORMES DE PERTES

A) LA PERTE VERSUS LE DEUIL

La perte semble faire partie du programme de notre existence. Elle peut ouvrir en nous de profondes blessures dépendamment des liens que nous avons avec l'objet de notre perte. La perte d'un être cher, par exemple, peut nous atteindre physiquement et psychologiquement et il se peut que la blessure se prolonge et prenne du temps à guérir.

La notion de perte est liée à la notion de deuil et elle sert en général à décrire toutes les réactions tant émotives que comportementales qui font suite à la perte d'un objet d'amour que ce soit la perte d'un membre, perte d'un emploi, perte d'un être cher, etc. Une perte inaugure une période de deuil.

Selon Bowlby (1961), l'angoisse de séparation est l'élément essentiel et central dans la situation de perte. L'enfant qui est séparé de sa mère a tendance à réagir selon une séquence comportementale précise. Cette séquence se compose d'une première phase de *protestation,* d'une seconde de *désespoir* et une dernière de *détachement.* Ces phases sont empreintes d'un ensemble d'expressions émotives subjectives telles: l'anxiété, la colère, la douleur, la dépression[2].

Monbourquette (1983) nous présente une définition poétique de la perte: «Je retenais poings fermés, Mon amour. Comme une poussière d'or, Entre mes doigts, Il s'est échappé[3].»

Dans son livre «Les ailes brisées» Khalil Gibran (1986) affirme: «L'esprit chagriné trouve son soulagement dans la solitude. Il a horreur des gens, comme le daim blessé s'éloigne du troupeau pour aller vivre dans une grotte jusqu'à la guérison ou jusqu'à la mort[4].»

Plusieurs auteurs ont tenté de définir le deuil. Ils le désignent tous comme une expérience de grande douleur. C'est un tunnel noir, long et dur à traverser. C'est le chagrin, l'affliction, l'angoisse. C'est un ensemble d'émotions que nous éprouvons.

Le comportement d'attachement est fondamental dans la vie de toute personne et ce processus s'épanouit lentement pendant l'enfance et l'adolescence.

Le petit Larousse nous donne la définition suivante de l'attachement: «Sentiment d'affection, de sympathie pour quelqu'un ou quelque chose.»

Détacher c'est éloigner, séparer. Quand nous avons à vivre un détachement c'est comme si une partie de nous-mêmes se détruisait, s'évanouissait.

Le détachement invite au dépassement de soi. Les pertes que nous vivons possèdent le pouvoir de nous transformer. À travers nos nombreuses pertes, nous pouvons conserver notre équilibre et notre paix intérieure tout en vivant nos émotions. Convertir les forces négatives en forces positives est le secret pour faire face à nos pertes et permettre qu'elles nous rapportent. Nous expérimentons une certaine libération dans la perte. Libération d'erreurs, d'incompréhension, de pensées fausses et... La perte ne nous prépare-t-elle pas à accueillir une lumière nouvelle? Pour certaines personnes la perte n'est-elle pas considérée comme un échec? Dans son livre, *L'homme devant l'échec,* cité dans Lacroix (1965), Marc Oraison a profondément analysé ce qu'il appelle «L'échec-caducité», c'est-à-dire, cette forme du sentiment de perte qui provoque certains effondrements psychologiques spectaculaires de personnes qui ont apparemment réussi de façon plus que satisfaisante. C'est le cas classique de ces hommes d'action ou de ces femmes qui vers la cinquantaine perdent tout intérêt pour les affaires qu'ils ont montées et s'écroulent psychologiquement et moralement. C'est leur propre caducité qu'ils découvrent. La personne qui s'était installée dans l'illusion de «durabilité» d'une situation n'avait pas tenu compte d'éléments matériels ou humains qu'elle n'avait pas encore eu l'occasion de rencontrer. Ce changement met l'individu en présence d'un aspect nouveau du réel avec lequel le dialogue lui est proposé[5].

La croissance d'un être humain n'est-elle pas l'histoire d'une lutte constante pour l'autoréalisation? Cette démarche suppose donc que nous acceptions la perte comme un épisode éducatif, une expérience culturelle pour acquérir la sagesse.

La perte n'est-elle pas qu'un nouvel instrument pour atteindre des niveaux supérieurs de réalité universelle?

Dans son livre *Éloge de la fuite* Laborit mentionne la douleur dans la perte d'un être cher: «La douleur est grande à la perte d'un être cher parce que nous l'avions intériorisé et qu'il était une partie intégrante de nous-mêmes. Cette perte est vécue comme une amputation à froid de notre vie. Ce n'est pas lui que nous pleurons, c'est nous-mêmes. Nous pleurons cette partie de lui qui était en nous et qui était nécessaire au fonctionnement harmonieux de notre système nerveux.»

Un groupe de chercheurs de l'Université de Harvard conclut que le deuil contient une succession de petites périodes de crise et qu'il serait plus opportun de les désigner sous le nom de «périodes transitoires de la vie».

Ne pourrait-on pas parler de périodes d'initiation?

Qu'est-ce que l'initiation?

Dans les religions anciennes et pour l'admission dans différentes sociétés secrètes, il existe des cérémonies par lesquelles l'adepte est admis à la connaissance de certains mystères. L'initié est donc celui qui connaît le chemin.

Les pertes n'apportent-elles pas un savoir nouveau, une expérience nouvelle, un nouveau chemin?

Selon Elizabeth Kübler-Ross (1975) nous sommes tous capables de vivre de grands dépassements. Pour assumer les situations de changement significatif, nous traversons un processus très semblable à celui du mourant, qu'illustre le diagramme des cinq stades et l'auteure continue en affirmant: «Apprendre à vivre comme un mourant, c'est un peu comme l'apprentissage après un divorce ou une séparation d'avec une personne ou en recevant une récompense ou une distinction importante sur ce même chemin de dépassement sur lequel nous engagera l'expérience des derniers jours de notre vie[6].»

Les cinq stades que nous présente Elizabeth Kübler-Ross sont des étapes que nous vivons tout au long de notre vie face à des pertes importantes ou certaines expériences traumatisantes. Ces stades sont: le refus et l'isolement, l'irritation, le marchandage, la dépression, l'acceptation.

Le refus et l'isolement

À l'annonce d'une nouvelle qui vient déranger notre vie et nous bousculer dans ce que nous avons de plus cher, notre première réaction n'est-elle pas de dire non, pas moi, ce n'est pas possible? Nous ne pouvons dans l'immédiat faire face à l'événement, il y a un moment de choc à passer et nous avons tendance à nous isoler, pour quelque temps, afin de nous permettre de nous ressaisir et de faire face à la réalité.

L'irritation

La période d'irritation ou de colère qui suit est plus ou moins forte selon notre façon de réagir aux événements. Cette colère a besoin d'être exprimée.

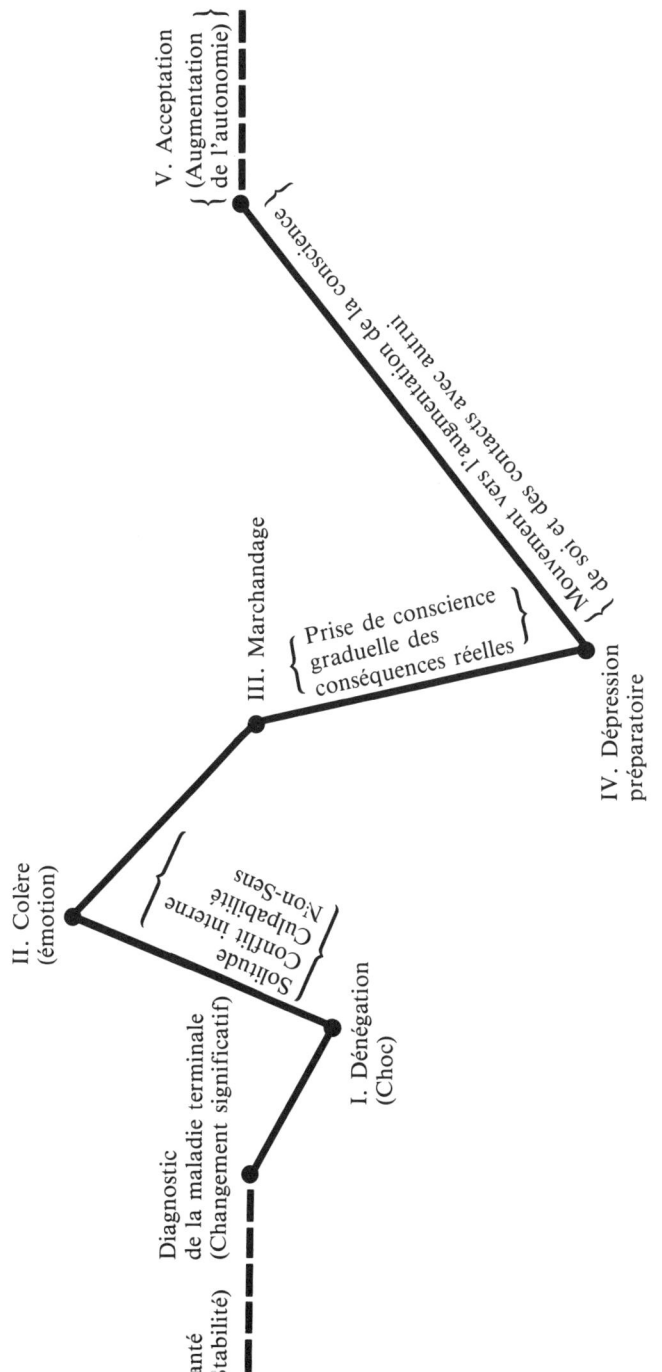

Figure 1. Selon Elizabeth Kübler Ross, *La mort, dernière étape de croissance*, 1975, p. 208.

Le marchandage

Si le diagnostic est fatal, le malade peut se demander s'il pourrait gagner du temps en faisant certaines démarches pour arriver à une guérison. Par exemple, s'il est croyant, il peut entreprendre une neuvaine, faire un pèlerinage, promettre d'exécuter un changement quelconque dans ses attitudes s'il guérissait, arrêter de fumer, par exemple, ou quoi encore?

La dépression

La dépression survient quand il s'agit de reconnaître que l'événement est très réel et qu'il ne peut y avoir de changement. Dans un cas de séparation, par exemple, où il n'y a plus à espérer le retour du conjoint ou de la partenaire, il faut réaliser que l'amour ne peut plus exister. Face à cette perte, la personne peut ressentir une profonde tristesse.

L'acceptation

Lorsque les étapes antérieures ont été franchies avec un certain succès et que la personne n'oppose plus de résistance, qu'elle ne lutte plus, c'est l'étape du détachement et de l'acceptation de la réalité. Un nouveau chemin d'évolution commence pour la personne. Mais avant d'entrevoir ce chemin lumineux, la personne vivra bien des nuits.

«Comme il serait bon ce chemin, pas un des mille chemins déjà inventés, mais le seul, l'unique, justement le chemin de sortie, celui qui conduirait à la haute montagne, aux hautes voluptés, aux plénitudes inaltérables, aux espaces inviolables, aux libertés infranchissables, comme il doit être bon ce chemin que l'on prendrait comme une enfant, sans plus faire de guerre, sans plus se faire peur et sans vendre sa vie, une fleur blanche à la main, une fleur blanche au cœur, comme feront les enfants du Verseau, ceux-là du XXIe siècle[7].»

Le chemin de la vie n'est-il pas un chemin de libération?

Nous aspirons tous à cette sérénité, à cette impassibilité devant la frustration, la perte. Selon Desjardins (1983) «si vous regardez bien, vous verrez combien vous êtes impuissants devant cette sensibilité au mauvais sens du mot 'sensibilité', car il n'est pas question, poursuit l'auteur, d'être transformé en bloc de pierre ou en bout de bois. Vous serez accablés en voyant à quel point vous êtes vulnérables, égocentriques, prisonniers de vous-mêmes et combien vous prenez tout de façon personnelle. Ou ça vous fait du bien ou ça vous fait du mal. C'est exactement le contraire de ce que vous pouvez appeler 'Sagesse ou libération'. Et c'est de ce mécanisme-là précisément que vous pouvez être libérés dans les grandes choses comme dans les petites[8]».

Le chemin que nous pourrions faire en ce sens serait des plus positifs pour transformer l'adversité, la perte en une base de lancée pour une nouvelle envolée d'évolution.

«Seule la sagesse peut diriger la vie. Grâce à elle, nous pouvons être forts. Seul le Savoir divin de la Nature vivante apporte la force. Il y a une Science sublime avec laquelle nous pouvons redresser notre vie. La Sagesse est le but et le sens de la vie humaine. La Sagesse divine est la condition pour arriver à la Vie éternelle[9].»

Le deuil exprime socialement l'inadaptation individuelle à la perte, à la mort, mais en même temps, il est ce processus social d'adaptation qui tend à refermer la blessure.

«Sous son aspect social, le deuil signifie: la rupture d'une relation interpersonnelle, le changement de statut social et l'adoption de nouveaux rôles[10]» (traduction de Elizabeth Duke).

Tout changement relatif ou absolu qui modifie négativement un état antérieur entraîne un deuil. La perte d'une maison, d'un pays, d'un membre, d'un emploi que l'on aime, etc. peut aussi plonger la personne dans un état de deuil. Les auteurs américains et anglais distinguent fréquemment la perte «privation» et les sentiments qui accompagnent cette perte, «chagrin, tristesse ou douleur», et les comportements manifestés en réponse à cette perte «deuil».

Les sept phases du deuil décrites par Susini peuvent se résumer en trois grandes étapes: une étape *critique,* une étape *cruciale* et une autre, *créatrice.*

L'étape critique correspond à une période de choc quand la personne apprend la nouvelle. Si la perte est subite comme la perte d'un être cher, par exemple, le choc n'en sera que plus grand, la personne ressentira comme un coup de massue sur la tête. Elle passera alors par la gamme de toutes les émotions cris — pleurs — sanglots — colère. Cette stupeur que provoque le choc agira comme une anesthésie. Petit à petit, il y aura relâchement des émotions et ce sera une bénédiction pour la personne si elle arrive à les exprimer et à pleurer jusqu'à l'épuisement.

Il faut bien se garder durant cette étape de vouloir bloquer la sortie des émotions par des tranquillisants qui ne feraient que retarder l'expression du chagrin.

L'étape cruciale, c'est la phase de brisure avec les liens affectifs passés: la personne doit éliminer tout espoir de retour de la personne disparue ou de l'objet d'amour. La personne se sentira très seule. Elle éprouvera quelquefois de forts sentiments de culpabilité en affirmant: «j'aurais dû prévenir ce qui m'arrive», «j'aurais dû réaliser le sérieux de sa maladie» si c'est une perte par la mort, etc.

Ce sentiment de culpabilité se mêle à bien d'autres émotions engendrées par la perte. Cette étape peut durer de trois à quatre mois. C'est une période où la personne a besoin d'appui constant de ses parents et amis pour éviter la dépression et le désespoir.

L'étape créatrice. Cette période peut survenir deux à cinq ans après la perte ou plus tard dépendamment de l'intensité des émotions et des liens qui unissaient à la personne ou à l'objet de la perte.

La personne se crée alors de nouveaux modes de vie qui ne sont pas liés émotivement au passé. Elle prend conscience de sa capacité de créativité et des énergies nouvelles qu'elle est prête à déployer. C'est le moment privilégié où l'individu s'oriente vers une nouvelle profession, ou il entreprend des affaires ou un bénévolat. L'occasion peut être propice pour réaliser le rêve de sa vie. Cet événement générateur de chagrin se transforme peu à peu en un nouveau chemin d'évolution des plus bénéfiques pour la personne [11].

Chaque individu vit la perte d'une façon différente. Il existe donc différentes manières de vivre un deuil. Selon Jean Monbourquette, des personnes vont prendre conscience d'une perte *intellectuellement* mais sans émotion, ils vivent sous des mécanismes de défense. Ils peuvent même vivre toute une vie sous ces mécanismes. Il est difficile pour plusieurs d'entrer dans leur monde émotif, l'auteur souligne que c'est le lot de bien des hommes. Parce qu'ils ont appris très tôt, dans leur enfance, qu'un homme ça ne pleure pas, ça n'exprime pas son chagrin. Si la personne ne peut rejoindre son monde émotif, il y a une grande partie de sa vie qui est bloquée.

D'autres personnes *entrent dans l'émotivité* mais ne peuvent en sortir, il y aurait «effet de tourbillon», ces personnes pleurent, par exemple, au lieu d'exprimer la colère qu'elles ressentent. L'individu semble se plaire inconsciemment à entretenir un chagrin afin de garder une continuité avec les liens d'amour qui unissaient à la personne du disparu ou à l'objet aimé.

D'autres personnes *dépassent la phase émotive* mais elles restent avec des séquelles:

— Manque de confiance en soi

— Peur de s'engager à nouveau

27

— Incapacité de pardonner à celui ou celle qui l'a quitté, etc.

« Parfois je t'en veux d'être mort. Tu as déserté, tu m'as laissée[12]. »

« Les gens en deuil ont dans les tripes toute une jungle d'émotions qui doivent s'exprimer d'une façon ou d'une autre. Parfois ouvertement, parfois en parlant, parfois en pleurant; parfois poétiquement, parfois rituellement; peu importe comment, il faut que les gens aient l'occasion d'exprimer les vrais sentiments car le deuil irrésolu est horrible et destructeur[13]. »

Lacroix (1965) présente deux types de réactions qui exigent de l'être humain un effort redoublé face à un deuil. Premièrement, *la réaction à la perte* et deuxièmement, *la réaction de perte*.

1) *La réaction à la perte* consiste dans une reprise de l'acte et une réadaptation, un ajustement qui sont source de progrès. À titre d'exemple, la personne qui perd un conjoint peut avoir vécu son deuil, entrer dans une phase créatrice et entreprendre un nouveau chemin d'évolution.

2) *La réaction de perte* aboutit à la négation, à une sorte de vertige, d'idée fixe. Cette perte de *la capacité d'affronter,* provoque une dissociation et une désintégration[14].

L'individu possède d'innombrables ressources et une grande capacité de changement, il a besoin d'utiliser ces possibilités pour traverser la vie et profiter des expériences qu'elle lui offre si dures soient-elles. Encore faut-il qu'il se connaisse et n'ait pas peur de ses réactions face au chagrin.

B) DIFFÉRENTES FORMES DE PERTES

1. La perte de papa «John».
2. La perte de mon époux, Pierre.
3. La perte de mon épouse, Lyne, par le divorce.
4. Le départ de mes enfants.
5. La perte de ma patrie.
6. La perte de ma mère par la maladie d'Alzheimer.
7. La perte de «Maman».

Toutes ces personnes qui ont daigné nous communiquer leur vécu face à la perte nous traduisent que ce qui importe dans le processus de deuil ce sont les liens qui nous unissaient à l'être cher. Et, que le concept de deuil ne s'applique pas de la même façon dans toutes les situations.

Mais le processus de deuil, quelle que soit la perte, vise à intégrer une rupture définitive entre deux êtres qui partageaient une relation privilégiée.

1. La perte de papa «John»

«Aujourd'hui, nous nous sentons partagés entre la peine et la joie.

Peine, parce que perdre un être cher nous fait toujours mal, c'est un détachement, une perte.

Joie, parce que ta souffrance est terminée.

Joie aussi parce que nous te savons déjà dans cette vie éternelle, où tu es pour toujours 'enfant de Dieu'.

Pendant cette maladie, tu as mené une lutte fidèle à toi-même.

Tu nous a donné un bel exemple d'acceptation. Nous te sentions pacifié, serein et capable d'abandon jusqu'à la toute fin.

Aujourd'hui pour te rendre un dernier hommage, nous te disons 'MERCI'. Merci d'avoir été notre papa pendant toutes ces années. Il t'en a fallu de la patience, de la planification avec ton petit salaire et du courage pour élever 15 enfants tous vivants.

Merci d'avoir été l'époux de maman. Et ce, malgré toutes les joies, les peines, les difficultés rencontrées au cours de toute cette vie, tu as été présent pour soutenir maman au cours de cette route de la vie. Nous, tes enfants et maman, nous te demandons aujourd'hui de continuer à veiller sur chacun de nous et de nous aider à accepter ton départ.

Va vers la Lumière et laisse-toi guider par elle pour qu'à ton tour tu puisses nous guider ici-bas.

Au revoir papa, nous t'aimons...»

«Il m'a fallu partir
emporté par le vent
Il m'a fallu partir
Irrésistiblement
Il m'a fallu partir
Enlevé par l'Amour
Il m'a fallu partir
Et, je vis pour toujours.»

J.-Guy Morin

Célyne

12-05-1987

2. La perte de mon époux, Pierre

«Sur la pierre tombale de Pierre, sont inscrites ces paroles de Félix Leclerc: 'C'est grand la mort, c'est plein de vie dedans.'

À quarante ans, mon époux Pierre meurt d'un accident. J'ai trente-cinq ans et quatre enfants.

J'avais l'impression de mourir avec lui. On avait vécu ensemble seize ans; subitement, tous mes projets de vie s'écroulaient. Grâce au support soutenu de ma famille et de mes amis, j'ai vécu le premier mois sans trop de difficultés.

Mais après ce mois, je me suis retrouvée seule avec mes enfants. J'ai beaucoup pleuré sur moi et sur mes enfants. J'avais perdu mon amour et mes enfants n'avaient plus de père. Ma souffrance était si intense.

Je le voyais partout et je me reprochais de n'avoir pu prévoir cet accident, la culpabilité m'envahissait.

Mes enfants ont été une aide précieuse pour m'aider à continuer ma route et à réorganiser ma vie. Je me rendais compte des réactions saines de mes enfants face à la mort, ils m'apprenaient à l'apprivoiser.

Cette perte m'a beaucoup questionnée sur l'essentiel dans l'existence et l'importance de vivre un jour à la fois.

Après un an de séparation et après bien des questionnements et un certain recul, j'ai réalisé toutes les qualités que j'avais développées en partageant ma vie avec Pierre. Je sortais doucement de mon deuil et je réinventais ma vie.

Après deux ans, ma solitude est riche et féconde. Je ne vis pas l'isolement, mais je remplis chaque moment en appréciant la vie et en facilitant cette prise en charge chez mes enfants. Je n'essaie pas de jouer au père. J'ai retrouvé la joie de vivre et l'émerveillement.»

Danielle

3. La perte de mon épouse, Lyne, par le divorce

André nous présente les effets de sa séparation d'avec Lyne.

«L'ajustement à ce départ de Lyne fut très pénible, mais il m'a beaucoup appris. Il m'a permis d'entrer en moi-même et d'y mettre de l'ordre même si c'est à reculons que j'ai dû faire ce plongeon.

Comme je n'avais pas réussi à me trouver un travail stable, avec le départ de Lyne tout s'écroulait. Il fallait me prendre en main et décider ce que je voulais faire de ma vie. Pour la première fois, je prenais vraiment conscience que je vivais à l'extérieur de moi-même et que je me fuyais sans cesse. J'ai appris, par certains exercices de respiration, à me concentrer et à ne pas vivre uniquement avec mon mental, mais aussi avec mon cœur et par le fait même à être plus près de mes émotions.

Je me suis plongé dans ma noirceur, dans ma violence, ma rigidité et j'ai découvert, petit à petit, les vraies valeurs qui donnent un sens à la vie. Je suis devenu plus patient envers moi-même, plus tolérant envers les autres et j'ai découvert l'importance de me réserver des zones de silence et de solitude pour me permettre d'intégrer toutes ces expériences qui se présentent à moi.

Je vis davantage à mon rythme et je panique moins vite devant certains passages difficiles de ma vie. Je sais attendre le dénouement qui me sera le plus favorable. C'est comme si toute ma façon d'envisager la vie a lentement changé après ce cul-de-sac de mes trente-cinq ans et j'ai repris peu à peu mon sens de l'humour et mon goût de vivre.»

Serge

4. Le départ de mes enfants

Jacqueline vit le départ de ses enfants au foyer comme une perte et voici ce qu'elle nous communique:

«Étant divorcée, alors que mes enfants avaient dix ans et sept ans, je les ai élevés seule jusqu'à leur départ de la maison.

J'ai appris à mes filles à être autonomes très jeunes, n'ayant pas leur père, nous avons assumé des responsabilités les unes envers les autres et aussi envers nous-mêmes. Pendant dix ans, je me suis préparée sciemment à me séparer de mes filles et je les ai préparées à se séparer de moi.

Et, ce qui m'étonne le plus et qui me renverse, c'est qu'après tant de préparation, je n'ai pas accepté leur départ. Mes filles ont appris à voler de leurs propres ailes et s'en tirent très bien, mais moi la mère, je le vis comme un 'deuil'.

Ma gorge se noue en y pensant et je n'ai rien que le goût de pleurer. Quand l'aînée est partie, ce fut bénéfique, notre relation s'est transformée. Nous avons commencé à vivre des expériences ensemble: spectacles, restaurants, voyages et nos échanges sont devenus plus ouverts, plus chaleureux, très intimes même. La séparation a permis de franchir la barrière des restrictions mère-fille pour une relation d'adulte à adulte et elle se poursuit encore de cette façon.

Je suis restée avec la plus jeune pendant cinq années. Quand il a été question qu'elle prenne un appartement, cela m'apparaissait des plus logique et j'étais heureuse. Mais après son départ, la solitude m'a envahie et m'est devenue insupportable.

Je me suis mise à faire de l'angoisse et ma santé est devenue chancelante. Quand l'anxiété devenait trop forte, je 'fantaisiais' et je m'imaginais que ma fille venait étudier à Québec et s'installait avec moi. Mais là, une déception m'attendait toujours.

Parfois, je ravalais mon chagrin, parfois je me mettais en

colère et je devenais agressive. Mais la plupart du temps, j'essayais de me raisonner et je me sentais comme une petite fille à qui l'on demande de comprendre l'impossible.

Je me disais que j'avais moi-même préparé ce changement et je ne comprenais pas du tout, tout ce qui m'arrivait. Le contact avec ma fille, la toute dernière, était le seul lien du passé qui me restait et je m'y accrochais. Je pensais à elle sans arrêt. Je me sentais inutile, insécure, incompétente, indigne, etc. C'est comme si toute ma vie avait été uniquement consacrée à élever mes filles.

Pendant deux ans, j'ai vécu ainsi des tourments physiques, des souffrances morales qui me ramenaient constamment à la famille que je formais avec les filles. Il n'y avait qu'une chose importante dans la vie: la famille et les enfants. C'était une bonne façon de ne pas me regarder et d'accepter cette aventure solitaire.

Les souffrances du détachement auront duré trois ans. Ce deuil m'a appris que je suis la seule et unique personne avec qui je suis certaine de vivre jusqu'à la mort, la seule qui ne me quittera jamais.

Il m'a appris aussi à donner plus de place à ma relation avec moi-même. Je suis de plus en plus en paix et je me suis donnée d'autres bébés, d'autres naissances dans des projets qui n'en finissent plus d'être stimulants.»

5. La perte de ma patrie

Auguste nous présente la problématique de l'individu forcé à s'expatrier pour l'avoir vécu lui-même.

«L'individu qui, pour des raisons politiques et économiques, se voit forcé de laisser son pays, vit une situation dramatique, parfois désespérée.

Mais par contre, il n'est pas obligé de considérer son départ comme étant une rupture définitive avec son pays. Son geste reflète plutôt un certain sentiment d'impuissance à changer, à ce moment précis, une situation inacceptable. Donc, il ne rompt pas avec son pays en tant qu'entité géographique, politique et sociale avec laquelle il est en désaccord d'où chez lui volonté de retour.

Cette volonté de retour, même si elle demeure bien souvent une rationalisation de l'impuissance face à une machine répressive aidée généralement par le pays d'accueil, suppose une volonté de combattre tout en étant à l'extérieur de la mère-patrie; ce qui est très loin de la notion de résignation ou d'acceptation que justement l'on cherche à atteindre de façon générale dans les situations de deuil.

En outre, ce désir de retour persistant s'articule autour d'une volonté de garder par tous les moyens des liens, même d'influer d'une façon active sur le cours des événements qui s'y déroulent.

Le concept de deuil, tel que vécu dans la plupart des situations courantes de la vie, ne s'applique pas de la même façon lorsqu'il s'agit d'une séparation forcée d'avec sa patrie d'origine. Il y a certes perte en ce sens que les effets ne sont pas tellement différents de ceux qu'on ressent généralement dans de telles situations (tristesse, nostalgie, mélancolie et même dépression). Mais cependant, le degré d'absolu que l'on retrouve dans les autres situations est absent. Il y a toujours une porte ouverte, la perspective que tout cela n'est que temporaire, bien qu'à ce niveau, dépendant de la situation et des individus, cet espoir trop souvent déçu peut induire des gestes désespérés.

Il y a perte au niveau d'un certain mode de vie, d'un réseau de réactions sociales et elle est vécue de façon dramatique. Mais la plupart du temps, l'instinct de survie amène l'individu à trouver des moyens pour se recréer un nouvel environnement social qui même s'il ne le satisfait pas pleinement lui permet quand même d'avoir en attendant un pis-aller. Ce pis-aller peut même, dans certains cas, constituer une base qui permet à l'individu de rationaliser sur son vécu quotidien comme par exemple, de se dire que son ouverture sur une autre culture lui permettra de mieux comprendre plus tard, le moment venu, la culture de son propre pays. Il y a perte au niveau du statut et elle est vécue douloureusement d'autant qu'à ce niveau, sauf en de rares occasions, il est impossible de le récupérer. Mais là encore, l'individu peut compenser en se disant que les choses en soient ainsi. Ici, on assiste à un phénomène de retrait calculé qui dans les faits peut aboutir à une sorte de 'ghettorisation' sociale.

Il y a perte au niveau de la possibilité de s'impliquer dans un projet collectif tourné vers le développement de son propre pays. Cet aspect demeure la source principale des frustrations d'autant plus que la prise de conscience d'appartenance à une collectivité devient plus aiguë lorsqu'ayant laissé son pays, on réalise qu'on en avait un.»

6. La perte de ma mère par la maladie d'Alzheimer

Louise vit depuis deux ans la perte de sa mère par la maladie d'Alzheimer et elle nous confie ce qu'elle vit:

«Je vis depuis deux ans la fin d'une relation nourrissante avec ma mère. Je vis une mort chaque fois que je vais la visiter à l'hôpital, car je n'arrive pas à établir un contact avec elle. Je me sens impuissante, frustrée et remplie de pitié.

Ma mère est devenue le 'corps de ma mère' et je me surprends à parler d'elle au passé.

Par contre, quand elle a les yeux ouverts et que par des stimulations j'ai l'impression d'être en contact, je vis des émotions très intenses. Je ressens la joie de percer enfin ce mur qui est entre nous.

Je lui donne alors des nouvelles de toute la famille. La douleur m'envahit quand elle essaie de parler et que les sons ne sortent pas. Elle crispe le visage et des larmes apparaissent. Je souffre avec elle et lui verbalise les sentiments d'impuissance et de frustration qu'elle et moi ressentons. Je profite aussi de ces précieux moments pour prier avec elle. Je la quitte avec le sentiment que c'est peut-être la dernière fois que je la vois et une fois de plus je vis sa mort.»

7. La perte de «maman»

«Maman,
Derrière les arbres en tenue d'été
se cache notre gros chagrin
à cause de ton départ...
Toi, tu voyageais humblement
dans le monde de tes campagnes
des joies simples, de chagrin
silencieux, de mort lente dans une
maison pleine de silence
toujours teintée par ta chaude et
tendre présence, pleine d'amour.
D'une profonde foi était ta vie,
maman.
Ta vie qui embrasse maintenant le
temps de l'éternité.
Nous sommes d'une reconnaissance
sans bornes pour ce présent, de
ton humanité comme taillée dans le roc
ici sur terre qui touche maintenant
aux cieux tout près de l'amour du
Seigneur ressuscité[15].»

Greet Bogaerts

Références

1. S. Freud, Deuil et mélancolie, in S. Freud: *Métapsychologie,* Gallimard, Paris 1976, pp. 147-174.

2. J. Bowlby, *Attachment and Loss:* Volume III *Sadness and Depression,* New York: Basic Books, 1980.

3. Jean Monbourquette, *Grandir,* l'art de transformer une perte en gain, Les Éditions du Richelieu Ltée 1983, p. 9.

4. Khalil Gibran, *Les ailes brisées,* Éd. de Mortagne 1986, p. 74.

5. Jean Lacroix, *L'échec,* Éd. P.U.F. 1965, pp. 25-26.

6. Elizabeth Kübler-Ross, *La mort dernière étape de la croissance,* Éds Québec Amérique 1975, p. 210.

7. Pierre Renard, *Un nouveau ciel et une nouvelle terre,* Éd. Sila Jivott 1969, p. 74.

8. Arnaud Desjardins, *Pour une mort sans peur,* Éd. La table ronde 1983, p. 228.

9. Peter Deunov, *La sagesse,* Éd. Grain de blé 1968, p. 77.

10. Yarich Spiegel, *The Grief Process, Analysis and Counseling,* Nashville Abingdon, traduction 1977 par Elisabeth Duke, pp. 106-109.

11. Isabelle Delisle-Lapierre, *Vivre son mourir,* Éd. de Mortagne 1982, pp. 126-128.

12. Anne Philippe, *Le temps d'un soupir,* Éd. Julliard, 1963, p. 51.

13. Elizabeth Kübler-Ross, *La mort,* Éd. Québec Amérique 1976, p. 129.

14. Jean Lacroix, *L'échec,* Éd. P.U.F. 1965, p. 26.

15. *Le deuil,* Cahier n° 2, Université du Québec à Hull, 1985.

CHAPITRE DEUXIÈME

LE COMPORTEMENT DE CHAGRIN

A) LA RÉSISTANCE PHYSIQUE ET PSYCHOLOGIQUE FACE À LA PERTE

B) LES DIFFÉRENTES FORMES DE CHAGRIN

C) LE CHAGRIN ET LE DEUIL EN TANT QUE PHÉNOMÈNE DE CRISE

« De la détresse où j'étais, j'ai crié vers Yahvé
et il m'a répondu :
du sein du shéol, j'ai appelé,
tu as entendu ma voix.
Tu m'avais jeté dans les profondeurs, au cœur de la mer
et le flot m'environnait.
Toutes tes vagues et des lames
ont passé sur moi.
Et moi je disais : je suis rejeté
de devant tes yeux.
Comment contemplerai-je encore
ton saint temple ?
Les eaux m'avaient environné jusqu'à la gorge,
l'abîme me cernait.
L'algue était enroulée autour de ma tête.
À la racine des montagnes j'étais descendu
en un pays dont les verrous étaient tirés sur moi
pour toujours.
Mais de la fosse tu as fait remonter ma vie,
Yahvé mon Dieu.
Tandis qu'en moi mon âme défaillait,
je me suis souvenu de Yahvé,
et ma prière est allée jusqu'à toi
en ton saint Temple. »

Jonas 2, 3-8

L'expérience du détachement, c'est l'expérience de notre fragilité d'être, c'est l'expérience de nos pertes. L'attachement fait référence à nos racines; il est essentiel de comprendre le sens que nous donnons à nos racines, de comprendre son histoire personnelle. Ce besoin d'attachement existe en chacun de nous, à des degrés différents, pouvant aller jusqu'à une symbiose avec l'être aimé ou l'objet d'amour, et, il a une influence certaine sur le déroulement du processus du deuil. Ce ressenti d'attachement peut être gratifiant, apporter un sentiment de bien-être, de croissance personnelle; ce ressenti peut aussi être autodestructeur si la personne ne respecte pas ses valeurs ou se laisse contrôler par les situations. La perte sera d'autant plus grande et douloureuse selon qu'on aura centré son besoin sur une seule personne, un seul centre d'intérêt.

A) LA RÉSISTANCE PHYSIQUE ET PSYCHOLOGIQUE FACE À LA PERTE

Lindemann (1944) a fait une étude descriptive du deuil. Il considère que certaines réactions normales se produisent après la perte d'une personne aimée. Il a fait ses observations en milieu hospitalier. Il remarque qu'une personne en deuil présente un tableau clinique, psychologique et somatique assez uniforme.

Sur le plan psychologique, il retrouve de façon constante l'expression d'une détresse subjective décrite en termes de tension ou de douleur mentale se traduisant par la présence de préoccupations avec l'image du disparu, des sentiments de culpabilité et des réactions hostiles dirigées à l'endroit de l'objet perdu. De plus, une certaine mise à distance au niveau des relations sociales semble se justifier par la souffrance psychologique.

Sur le plan physique ou somatique, il se produit des sensations de détresse physique intermittente. Serrements de la gorge, respirations courtes avec besoin de soupirer, sentiments de creux dans l'abdomen et un manque de force musculaire, épuisement, pertes d'appétit et troubles du sommeil. Agitation motrice excessive, difficultés à initier et à maintenir des activités continues. Toutes ces réactions se rencontrent chez la plupart des endeuillés à différents degrés et c'est pourquoi l'auteur les considère comme normales[1].

Pour Averill (1968), le chagrin est le fruit d'une évolution biologique. Le comportement de l'endeuillé serait l'ensemble des réponses totales tant psychologiques que physiologiques, se déployant sur une plus ou moins grande échelle suivant l'importance pour l'individu de la perte de l'être aimé. L'auteur affirme:

1) que le comportement de l'endeuillé contient plusieurs signes paradoxaux qui masquent sa difficulté à expliquer ses émotions et ses tentatives d'adaptation;

2) que le chagrin rend plus difficile la conceptualisation de certaines émotions, ce qui permet, en général, de ne pas assumer l'émotionnel[2].

Susini renchérit en soulignant que la mort d'un proche peut être vécue par les personnes qui restent, entre autres le conjoint, comme un déchirement de la personnalité et une coupure de l'identité personnelle[3].

Selon Kübler-Ross (1975) au moment où une personne vit la douleur qu'engendre une maladie terminale ou celle d'un proche, elle ne cherchera pas chez autrui le soutien nécessaire dans une telle situation, au contraire, elle devient apathique, ce qui diminue sa capacité de générer de nouvelles actions qui lui permettraient de se libérer de son passé. Il y a donc un prolongement de la période de chagrin. Le choc provoque un sentiment d'impuissance et d'isolement qui envahit tout l'être et qu'aucune rationalisation intellectuelle ne peut freiner[4].

Toute mortalité ou perte implique un deuil mais pas nécessairement un chagrin, car celui-ci est étroitement lié à l'intensité des liens qui unissaient la personne au disparu.

Le deuil est un comportement perçu de l'extérieur tandis que le chagrin est vécu simultanément, mais de l'intérieur seulement. Le chagrin est une douleur intense qui réduit au stress la résistance psychologique et physique de l'endeuillé. Le comportement de ce dernier est souvent hostile à de nouvelles relations qui pourraient adoucir son chagrin.

Il s'avère que la nature de l'affliction et de ses manifestations est largement façonnée par des éléments culturels. Le processus du deuil peut être exacerbé ou atténué et son issue bénigne facilitée, entravée ou déformée par l'offre ou le refus de réconfort ou d'accompagnement palliatif que tend à prescrire une culture. Sous le coup de l'affliction, on peut souhaiter être mort. Mais presque immanquablement, il faut se reprendre. «Malgré le face à face avec la mort, il reste le face à face avec la vie», (J.S. Neki). Il faut encourager les endeuillés à s'extérioriser. C'est pour cela que les cultures comportant des rites de funérailles permettent au chagrin de se manifester. L'efficacité des rituels pour canaliser et soulager la douleur est reconnue, ils exercent un effet psychologique profond et réconfortant.

B) LES DIFFÉRENTES FORMES DE CHAGRIN

Selon Averill (1968), le chagrin peut revêtir six formes: le chagrin normal, le chagrin exagéré, le chagrin abrégé, le chagrin inhibé, le chagrin anticipé, le chagrin retardé.

Le chagrin normal provoque un ensemble de réactions psychologiques et physiologiques comprenant trois stades: le choc, le désespoir et le recouvrement.

Le choc suit généralement la perception d'un événement qui perturbe sérieusement la réalisation de buts réels d'une personne. Par exemple, une personne qui n'a jamais connu la maladie et qui apprend qu'elle a un diagnostic sérieux. Cette annonce peut l'ébranler dans sa propre sécurité face à son travail, face à ses responsabilités familiales, face au rythme de vie qu'elle aura à changer.

Généralement, la période de choc ne dure pas tellement longtemps. Une perte importante qui amène des réactions de deuil cause souvent des sentiments d'anxiété et de panique lorsque l'individu doit prendre conscience de ce qui arrive.

N'avons-nous pas des tendances à l'évitement face à la réalité d'une perte? Le terme dénégation est bien choisi comme mécanisme de défense pour caractériser cette étape du deuil.

Le désespoir suivra la prise de conscience de la réalité de la perte, la personne ressentira une profonde tristesse et une grande dépression. Elle perdra tout intérêt pour le travail, incapable de concentration, l'anxiété est à son paroxysme. Souvent la perte elle-même s'étend et peut amener des pertes secondaires. La perte d'un père de famille, par exemple, peut être suivie de la perte de sécurité financière. Cette étape peut être de plus ou moins longue durée. Une présence physique d'une personne en qui l'endeuillé a confiance lui permettra de donner libre cours à ses larmes et à ses paroles. À cette étape fera suite le *recouvrement,* la personne reprend goût à la vie, elle se met à espérer. Elle s'intéressera à autre chose et commencera à vouloir aider les autres.

Dans *le chagrin exagéré,* il existe une réaction de chagrin prolongé anormalement. Il se compose de traits névrotiques tels que la culpabilité excessive et les symptômes d'identification au disparu. À titre d'exemple, prenons un adolescent qui est très attaché à son père et qui le perd dans un accident. Dans les semaines qui suivent, il se met à parler comme son père, à imiter sa démarche, à vouloir s'engager dans le même métier. Si cette réaction se prolongeait, il serait important de consulter un thérapeute, car le chagrin n'est pas normal.

Le chagrin abrégé est une réaction courte mais réelle de chagrin qui est due à un remplacement immédiat de l'objet perdu ou à très peu d'attachement pour ce même objet. Un conjoint, par exemple, qui perd son épouse et décide quelques semaines après le décès ou la séparation de la remplacer par une autre femme. Quand un enfant perd un petit animal, n'avons-nous pas tendance à vouloir le remplacer rapidement par un autre? Ces remplacements abrègent le chagrin mais ne permettent pas de l'intégrer.

Le chagrin inhibé empêche la personne de vivre ses émotions, elle est incapable de les manifester. Ce refoulement peut être très préjudiciable pour la personne qui le vit parce qu'il peut faire apparaître des symptômes graves comme une maladie sérieuse due à la somatisation.

Le chagrin anticipé, l'anticipation comprend une phase de chagrin qui permet de vivre en partie la perte de l'objet d'amour avant qu'elle se produise réellement. Le chagrin qui est partie intégrante de l'anticipation modifiera subtilement le ressenti face à la personne aimée; et le changement inévitable (la séparation ou le décès) prédominera sur ses propres sentiments, démontrant ainsi une impuissance qui le conduira vers une forme d'acceptation ou de résignation.

L'anticipation permet de vivre une partie douloureuse du chagrin, mais le plus difficile surgira au moment de l'impact final. Du fait que le chagrin ait été anticipé, le deuil trouvera plus facilement le chemin de l'acceptation. La perte qui est déjà prévue est souvent perçue comme non dramatique et même comme une délivrance.

Le chagrin retardé, la personne qui a de nombreuses responsabilités peut volontairement pendant une période plus ou moins longue décider de ne pas s'arrêter à la perte qu'elle vient de subir. La réaction entière de chagrin peut commencer quand certains événements rappelleront la perte de l'aimé ou de l'objet d'amour. Souvent un autre choc, la perte d'un ami très cher ou d'une autre personne qui nous rappelle la perte antérieure sera l'élément déclencheur qui permettra l'expression du chagrin passé[5].

Selon Philippe Ariès (1975), il y aurait trois façons de vivre un deuil:

a) la personne qui réussit à fuir complètement sa peine;

b) celle qui ne l'exprime pas aux autres mais la cache au fond d'elle-même;

c) celle qui la démontre librement[6].

Il existe donc plusieurs façons de vivre son chagrin et il semble bien d'après plusieurs témoignages vécus que la durée d'un deuil dépende de l'habileté de la personne en cause à se réajuster à son nouvel environnement et à ses capacités de se refaire de nouvelles relations. On pourrait supposer que la durée minimun d'un deuil est d'un an à deux ans au maximum, mais les auteurs consultés sont d'accord pour dire que les variations de la durée dépendent de la maturité et du tempérament de l'endeuillé, de la qualité et de la durée de sa relation avec le disparu.

Toute personne engagée dans un processus de deuil se trouve dans un état psychologique troublant. Elle est à la fois angoissée et agitée; elle ne veut rien faire ou ne fait que des gestes dépourvus de significations, qu'elle accomplit de façon automatique. Elle a des accès de colère contre son entourage qui ne sont en fait que le résultat du déplacement et de la projection des émotions pénibles, puisque c'est la situation elle-même qui est intolérable, et, rien ne peut y remédier. Parfois, sa colère se retourne contre le disparu qui l'a abandonnée. La personne a besoin de se sentir guidée et appuyée. Nos sociétés modernes offrent-elles suffisamment d'appui aux personnes en deuil? Chez certaines communautés, par exemple, les personnes endeuillées reçoivent beaucoup d'assistance. Pour les Juifs qui observent la coutume de shiva, la durée du deuil est prescrite, et durant cette période, la famille reçoit l'appui de la communauté avant de reprendre ses fonctions normales.

Le digramme du Dr Lamers illustre bien les différents états émotionnels vécus à la suite d'une perte importante.

Plus la perte est inattendue, plus le chagrin est aigu et bouleversant. Dans le cas d'une longue et douloureuse maladie, la perte est habituellement acceptée avec soulagement par la famille, car elle convient que l'être cher se libère d'une souffrance sans espoir. Dans le cas d'une perte ou d'une mortalité accidentelle, le chagrin est précédé et en même temps perturbé par une réaction de choc.

Qu'est-ce que le choc?

Le choc serait une réaction normale d'urgence qui permet une autoprotection contre l'envahissement du sentiment de perte soudaine.

Tableau A: Grille descryptographique des manifestations intérieures et extérieures que déclenche la perte d'un être cher.

«L'ÊTRE HUMAIN DEVANT LA MORT»
«Le chagrin et le deuil» Schéma du Dr Lamers*

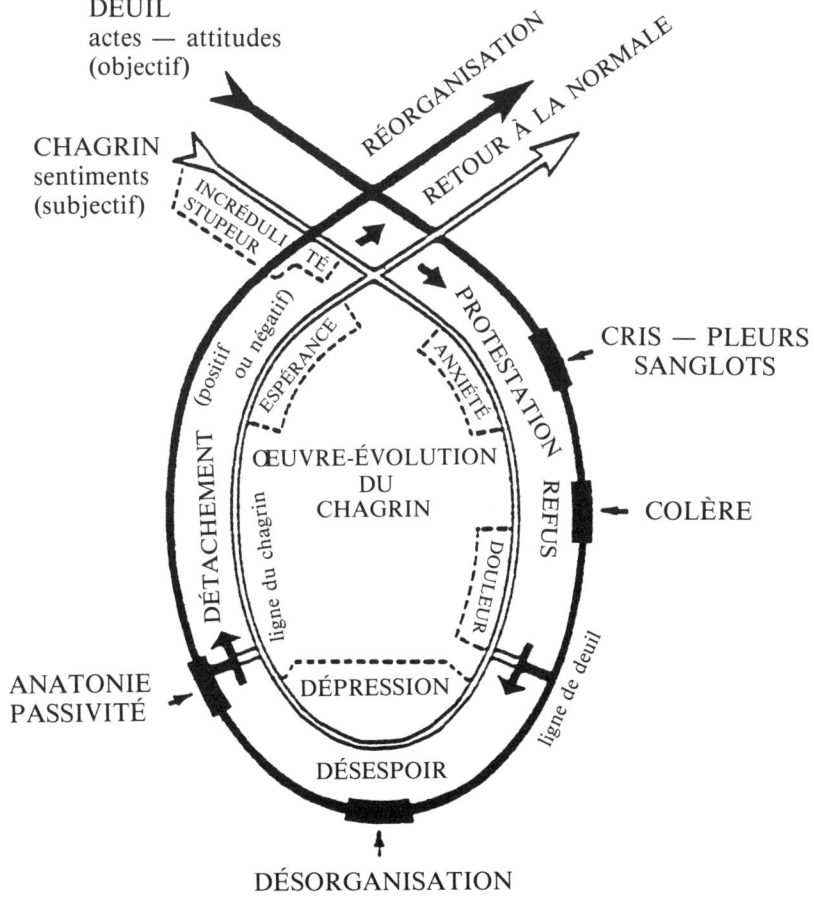

* SUSINI, J., 1976. L'être humain devant la mort, le chagrin et le deuil. Société de Thanatologie de langue française. Bulletin avril 1967 — Janvier 77.

C) LE CHAGRIN ET LE DEUIL
EN TANT QUE PHÉNOMÈNE DE CRISE

Plusieurs personnes qui ont à faire face à une perte n'y sont pas préparées. L'individu expérimentera souvent l'angoisse quand il se voit confronté à une situation qu'il a toujours niée.

L'instant qui précède la mort de quelqu'un, selon Johnson (1976), est pour le témoin, la minute de vérité et ceci quel que soit le lien qui l'unissait au disparu. Car voir mourir un inconnu peut créer un impact aussi fort que d'apprendre la mort d'un être cher[7].

Vincent Thomas affirme: «Tant que je n'ai pas connu la mort d'un autre qui était présence pour moi, tant que je n'ai pas vu que des hommes meurent, je ne puis concevoir la mort comme ayant une origine extérieure à moi, comme un événement possible de l'histoire objective qui un jour sera enregistré par l'état civil. Mais avec la disparition de l'autre qui me prive des relations qui m'unissaient à lui, me définissaient moi-même donc faisaient partie de moi, qui me prive également de son regard où je me trouvais mieux que dans un miroir, j'éprouve l'intériorité de ma mort propre, dès lors je saisis aussi ce que moi-même je puis être pour autrui et ce que sera ma mort pour moi-même. À cet égard, on peut dire qu'autrui mourant meurt déjà ma propre mort[8].»

L'intensité de la douleur est évidemment en rapport avec l'attitude de la personne envers la perte et la mort. Au XVIIe siècle, Sir Thomas Browne écrivait: «La longue habitude de vivre nous prédispose mal à la mort.»

Selon Parkes (1972), les facteurs déterminants du deuil se regroupent en trois catégories générales:

1) les éléments biographiques qui prédisposent le sujet à bien tolérer la douleur;

2) les éléments présents qui favorisent une saine réaction au deuil;

3) les événements subséquents qui affectent la nature de la réaction.

Selon l'auteur, les antécédents, la relation avec la personne décédée, l'âge, la personnalité, la classe socio-économique, la nationalité, les rites et religions, les circonstances entourant la mort jouent d'influence dans les facteurs déterminants du deuil.

Antécédents via expériences antérieures

La personne qui a déjà vécu des expériences de pertes possède une plus grande tolérance à l'égard de la mort que celle qui entre en contact avec la mort pour la première fois.

Lien avec la personne décédée

Le sentiment de perte sera d'autant plus intense que l'attachement à l'objet de perte est profond.

L'âge

Les personnes plus âgées sont plus aptes que les plus jeunes à supporter la perte parce qu'elles en ont déjà vécu plusieurs.

La personnalité

Les personnes autonomes et en bonne santé mentale semblent plus aptes à dominer leur douleur et à vivre la perte. Les personnes dépendantes éprouvent un sentiment d'insécurité profond, elles se sentent complètement démunies.

Classe socio-économique et nationalité

Les membres de certains groupes ethniques, de même que ceux des classes socio-économiques défavorisées donnent volontiers libre cours à leur douleur.

Rites et religion

Les rites peuvent contribuer à soutenir la personne en deuil de même que la religion.

Circonstances entourant la mort

Si la mort est soudaine et imprévue, le début du deuil sera marqué par une réaction intense. Si au contraire, elle survient à la suite d'une maladie douloureuse et prolongée, la mort peut apparaître comme une délivrance[9].

Ceux qui perdent un être cher éprouvent souvent un sentiment d'inachèvement.

« Il y a une relation étroite entre santé et accomplissement de la vie, entre maladie et mort et non-accomplissement de la vie » (Jores).

La douleur de l'inachèvement est au cœur de la condition humaine elle-même. C'est ce perpétuel déchirement que nous éprouvons entre notre aspiration à l'absolu, à l'illimité et les limites auxquelles nous nous heurtons au dehors comme en nous-mêmes.

La plupart des gens réussissent à réorganiser leur vie suite à une perte importante. Cependant, quelques-uns ne réussissent pas à se rétablir ou le font très difficilement.

Références

1. E., Lindemann, Symptomatology and Management of Acute Grief. *American Journal of Psychiatry, 101,* pp. 141-148, 1944.
2. J.R., Averill, Grief Its Nature and Significance, *Psychological Bulletin,* Vol. 70, n° 6, pp. 721-748, 1968.
3. J., Susini, L'être humain devant la mort, le chagrin et le deuil, Société de thanatologie de langue française, pp. 1-34, 1976.
4. Elizabeth Kübler-Ross, *Les derniers instants de la vie,* Labor et Fides, pp. 47-58, 1975.
5. J.R., Averill, cf. supra note 2.
6. Philippe Ariès, *Essais sur l'histoire de la mort en Occident, du Moyen Âge à nos jours,* Paris Éd. du Seuil, 1975.
7. D. Johnson, M. Raymond, Les sentiments de l'homme à l'approche de la mort, *Annales de psychothérapie,* T.V.H., n° 12, pp. 5-9, 1976.
8. L.V. Thomas, *Anthropologie de la mort,* Paris Payot, p. 236, 1975.
9. C.M. Parkes, *Bereavement: Studies of Grief in Adult Life,* New York International Universities Press, Inc., 1972.

CHAPITRE TROISIÈME
LE CHAGRIN PATHOLOGIQUE

A) LE DEUIL NÉVROTIQUE

B) LE DEUIL PSYCHOTIQUE

« Ô Dieu principe de toute puissance,
Source de toute énergie
Donnez-moi cette fièvre, lucide, calme et féconde
Qui fait vivre en une heure la vie d'un jour entier
Imprégnez ma mémoire, ma volonté
toutes mes facultés, tous mes atomes
Rechargez-moi sans cesse d'une force
qui fasse bondir le corps et l'âme
Quand toute énergie est épuisée
Maître des anges, des hommes, du monde
Que je m'arrache plus vite que la foudre
À tout ce qui peut détendre les cordes d'airain
Et qu'à tout instant je sente l'aiguillon de votre gloire
Comme César la pointe de son triomphe. »

Aristote

A) LE DEUIL NÉVROTIQUE

Au dire de Freud, un chagrin pathologique est «illimité». Au cours de la vie nous investissons notre libido dans certains «objets», c'est-à-dire, que nous éprouvons de l'amour pour une personne, pour une profession, pour un emploi, des objets, etc. À la suite de la perte de ces objets d'amour, il y a des réactions de frustration, de douleur. Et, toute frustration ou douleur déclenche une réaction d'agressivité qui normalement devrait s'adresser à l'objet perdu, mais dans le cas d'un deuil pathologique, elle se retourne contre le sujet lui-même et aboutit à un sentiment de culpabilité et à un état dépressif. L'atteinte narcissique et le deuil seraient en partie responsable de la dépression. La notion de narcissisme est l'amour porté à l'image de soi-même. Dans l'atteinte narcissique, la personne perd petit à petit tous les objets qu'elle avait investis, situation professionnelle, famille et son corps si elle est mourante[1].

Plusieurs pionniers de la recherche psychanalytique tels que: Sigmund Freud, Mélanie Klein, Abraham et d'autres ont mis l'accent sur l'importance des relations précoces dans la prédisposition à la dépression et sur la dimension inconsciente de haine qui se cache derrière l'amour.

La haine et la rage, génératrices de culpabilité, sont elles-mêmes reliées à des exigences possessives exacerbées: «Comment as-tu osé me quitter?» Telle est la protestation du petit enfant à sa mère. Rage mortelle qui sera réactivée par les pertes ultérieures. L'incapacité de maîtriser la situation d'abandon est un aspect fondamental de la réaction narcissique ainsi que la fragilité à l'estime de soi. Si la personne est tellement dépendante du jugement et du regard d'autrui qu'elle s'effondre dès que le renforcement n'a plus lieu, la dépression est toujours latente et prête à se manifester, car toute relation est marquée d'insécurité. En dehors de la situation de deuil proprement dite, les parents transmettent à l'enfant le rejet, générateur d'insécurité, par nombre de signaux plus ou moins subtils et inconscients souvent en réaction à leurs propres expériences infantiles. La perte (réelle ou symbolique) de l'un des parents pendant l'enfance est un facteur de prédisposition à la dépression. La perte de la mère, par exemple, avant la onzième année est un facteur spécifique de vulnérabilité à un syndrome dépressif majeur ultérieur. La séparation pendant plus d'un an (pour maladie ou autre raison) a des conséquences identiques [2].

Qu'est-ce que la dépression?

Les psychanalystes se penchent depuis longtemps sur les problèmes de la dépression. Selon Fenichel, pour comprendre l'accès dépressif, nous devons comprendre également le phénomène d'exaltation jubilatoire qui provient d'une libération d'énergie. Jusqu'alors utilisée pour lutter contre la dépression cette énergie, maintenant libre, cherche à se décharger [3].

Lowen (1975) pour sa part affirme que le terrain est prêt pour la dépression quand nous cherchons notre accomplissement dans des sources extérieures à notre être. L'individu qui doit faire appel à son environnement pour y trouver sa raison d'agir est beaucoup plus vulnérable que la personne capable de puiser sa force en elle-même. L'auteur précise que lorsqu'une personne déprime, c'est une indication claire qu'elle n'a jamais obtenu son indépendance. C'est un signe que le sujet manque de foi en lui-même. Il a sacrifié son indépendance à la promesse de voir sa vie comblée par les autres. Il a investi ses énergies dans une tentative pour réaliser un rêve impossible. Sa dépression souligne sa banqueroute et son désespoir. Mais lorsqu'elle est correctement comprise et bien maniée, la réaction dépressive peut ouvrir la voie à une vie nouvelle et meilleure.

Pour surmonter leur dépression beaucoup de gens sont aidés par la thérapie. Elle permet au malade d'entrer en contact avec ses sentiments profonds, son être intérieur, de retrouver ses moyens et son indépendance. Au cours du processus thérapeutique, le sujet se trouve réorienté vers un «soi» personnel. Lorsque l'analyse réussit, elle doit permettre à un individu de retrouver foi en lui-même. S'il veut surmonter sa dépression ou sa tendance dépressive, il devra, en fin de compte, devenir un être qui porte sa force en lui[4].

La dépression est une forme de mort. La personne déprimée a perdu tout désir de vivre.

Pourquoi souffre-t-on de dépression à la suite d'une perte ou d'un deuil?

Les gens qui souffrent de dépression, selon le Dr Lowen, ont des besoins oraux insatisfaits: être tenu dans les bras, avoir un soutien, un réconfort, goûter l'expérience du contact corporel, recevoir l'attention, l'approbation, sucer, téter, se sentir entourés de chaleur. On appelle cela des besoins oraux, parce qu'ils correspondent à cette période de la vie, l'enfance, où les activités orales dominent l'existence. Ce qui revient à dire que de tels êtres se sont trouvés privés d'amour maternel ou n'ont pas connu la plénitude qu'apporte un amour inconditionnel et dépourvu d'anxiété. Si ces privations déterminent la structure caractérielle de base d'une personne, on peut parler de personnalité orale. Chez l'adulte, ces besoins insatisfaits se traduisent par une incapacité à rester seul, une peur de la séparation, un débit verbal exagéré, des vantardises ou autres manoeuvres destinées à attirer l'attention. La sensibilité au froid en est également révélatrice ainsi que, d'une manière plus générale, l'attitude dépendante vis-à-vis de l'entourage ou du monde extérieur.

Lorsque le sentiment de privation à l'occasion d'un deuil, par exemple, affecte un individu d'une façon moins aiguë la personne s'en sortira plus facilement, on dira alors qu'elle a une tendance orale.

Les besoins oraux insatisfaits pendant l'enfance ne peuvent être comblés dans la vie adulte. Aucun substitut de maternage aussi grand soit-il ne peut donner à un être la sécurité dont il a manqué dans son jeune âge. Adulte, il doit trouver cette sécurité en lui-même. Quelles que soient l'attention, l'admiration, l'approbation que l'on puisse donner à une personnalité orale, rien ne peut combler son vide intérieur. Un adulte ne peut trouver sa satisfaction qu'à un niveau adulte: c'est-à-dire, par l'amour, par son travail et par l'expérience vécue de sa sexualité[5].

Le deuil est un travail nécessaire: il permet de dégager la charge énergétique ou libido investie dans l'objet perdu et la rend ainsi disponible pour d'autres relations.

Lowen donne l'exemple d'une dame dont l'âge dépassait la trentaine qui souffrait de dépression et de violentes migraines. Son père était décédé quand elle avait sept ans. Cette perte avait été très difficile parce que cette dame avait transféré sur son père les besoins d'amour, d'acceptation et de sécurité que sa mère n'était pas parvenue à combler. Les progrès en thérapie furent constants mais lents. Malgré maintes améliorations importantes, les problèmes revenaient sans cesse. Quand elle prit conscience qu'elle était incapable d'avoir une relation satisfaisante avec un homme, elle avoua qu'elle n'avait jamais accepté la mort de son père. À la suite de cette découverte, il y eut un profond changement vers le mieux et la thérapie prit fin[6].

N'avons-nous pas tous observé ou vécu personnellement ce qu'on appelle le «travail de deuil», à l'occasion d'un divorce, de la mort d'un être cher ou d'un échec personnel? «Faire son deuil» de quelqu'un ou de quelque chose est un des riches apprentissages de l'existence humaine. Dans ces circonstances, nous avons le choix de nous replier sur nous-mêmes, de nous isoler ou d'exprimer notre chagrin et de chercher l'aide dont nous avons besoin pour nous en sortir.

Dans ces périodes difficiles n'avons-nous pas tendance à utiliser des mécanismes de défense contre l'angoisse? Le Dr Berger (1974) souligne huit mécanismes de défense que nous utilisons à différents degrés, ce sont:

a) la négation
b) le retournement de l'affect pénible en son contraire
c) la projection
d) la régression
e) la «fantasmatisation»
f) le délire
g) avoir une activité physique
h) la sublimation.

a) *La négation* consiste à nier l'existence du danger. Prenons l'exemple d'une personne dont les pratiques sexuelles la placent dans un groupe à haut risque pour contracter le sida et qui, malgré les conseils reçus, continue les mêmes pratiques sans se prémunir contre le sida.

b) *Le retournement de l'affect pénible en son contraire.* «Je l'aime» devient donc «je la hais», «je vais mourir» devient «je ne vais pas mourir».

c) *La projection.* La personne projette sur les autres les sentiments qu'elle éprouve, les considérant comme s'ils venaient des autres. Elle dira, par exemple, «ce n'est pas moi qui suis agressive envers cette personne, c'est elle qui m'en veut».

d) *La régression.* La personne revient à un stade antérieur de son développement affectif et elle se conduit comme un enfant utilisant les mêmes techniques de défense qu'elle employait dans les situations inquiétantes. Si la personne est hospitalisée, le médecin représentera une image paternelle et l'infirmière une image maternelle.

e) *La «fantasmatisation»*. Une personne reçoit un diagnostic de cancer. Elle se met alors à imaginer qu'il y a une erreur dans les dossiers et qu'on a glissé à son dossier les résultats des tests d'une autre personne. Elle élabore mentalement tout un scénario pour expliquer cette erreur.

f) *Le délire*. Cette confusion momentanée permettra d'échapper à une réalité insupportable.

g) *Avoir une activité physique*. En convertissant la tension de l'angoisse en mouvements, nous la diminuons. Par exemple, faire de la course rapide est un sport qui demande beaucoup d'énergie et peut être bénéfique pour certaines personnes.

h) *La sublimation*. Les pulsions instinctuelles sont modifiées, elles deviennent conformes aux vœux de la société. L'auteur donne l'exemple d'une agressivité qui serait sublimée par la pratique de la chirurgie[7].

B) LE DEUIL PSYCHOTIQUE

Quelle est la différence entre l'angoisse névrotique et l'angoisse psychotique?

Dans l'angoisse névrotique, selon Berger et Hortala, le danger est intérieur. Il est constitué par un conflit inconscient qui oppose le moi à des pulsions sexuelles agressives. Les auteurs donnent l'exemple d'un individu dont la phase œdipienne n'a pas été résolue et qui éprouvera une angoisse en présence des personnages autoritaires, comme un patron qui peut évoquer en lui l'image du père castrateur.

L'angoisse psychotique

Dans l'angoisse psychotique, la personne éprouve un sentiment de dépersonnalisation, d'étrangeté corporelle. Elle a l'impression de ne plus avoir de limite. Nous parlons de *dissolution du moi*. Cette angoisse est plus profonde et se transmet à l'entourage. Des auteurs donnent l'exemple du mourant qui, devant le danger extérieur que constitue la mort, expérimente souvent une angoisse névrotique due aux pulsions ou instincts refoulés et aussi une angoisse psychotique, le mourant ayant parfois la sensation de dissolution. Il peut en être de même d'une personne qui vit une perte importante[8].

Qu'est-ce qu'un psychotique?

«Schizein» a donné naissance au mot de schizophrène le «séparé», la personne disloquée, séparée d'elle-même, de son corps, de son affectivité, de sa mémoire, des autres et du monde: le «dissocié».

Le malade est alors enfoncé dans sa passivité, dans ses automatismes. On parle de lui comme s'il était une chose; il n'est plus une personne.

L'individu souffrant de névrose (quelquefois appelée psychonévrose) n'est pas gravement désorganisé dans son comportement. Il réagit, généralement, d'une façon raisonnable et convenable devant la réalité, mais il se comporte parfois de façon qui semble irrationnelle à lui-même ainsi qu'aux autres. Il peut, par exemple, connaître des moments de panique aiguë quoiqu'il n'y ait aucune raison d'anxiété. Il peut être obsédé par certaines pensées ou se voir forcé d'accomplir certains actes. Les symptômes peuvent changer, mais généralement, on peut discerner un modèle distinct pour chaque personne.

Tout le monde connaît l'angoisse à certains moments, mais l'individu affligé d'une névrose d'angoisse manifeste cette réaction émotive courante à un degré hors de proportion avec ce que la situation immédiate semble justifier[9].

Les psychoses sont toutes paralysantes en ce qu'elles entravent l'aptitude de l'individu à répondre aux exigences ordinaires de la vie et, dans presque tous les cas, le malade souffrant d'une psychose ressent la nécessité de passer beaucoup de son temps dans un hôpital psychiatrique.

Quelles sont les différentes catégories de psychoses?

Le Dr Lowen les classe en quatre principales catégories: *les troubles affectifs, les états paranoïaques, la schizophrénie* et *les psychoses organiques spécifiquement identifiées.*

Un trouble affectif est celui dont les principaux symptômes gravitent autour de sensations et d'expressions émotives. Les troubles affectifs sérieux révèlent généralement de grandes fluctuations d'humeur et des sentiments exagérés, allant de l'exaltation normale à une exaltation extrême, d'un désespoir normal à un désespoir extrême. Les trois formes le plus généralement reconnues sont: la manie, la dépression et la manie dépressive.

La personne maniaque (du grec mania, folie) a tendance à passer d'une humeur normale à une exaltation excessive. Après une longue période de normalité, l'individu peut graduellement se transformer en une personne dérangée, puis en un malade dangereux. Cette transformation commence par un déploiement d'énergie sans borne et l'individu peut nourrir une foule de projets magnifiques et ambitieux (en général irréalistes). Au fur et à mesure que sa manie augmente, il «exagère» et ensuite ses comportements violents et immodérés parfois même destructeurs explosent, de sorte qu'il devient un danger pour les autres ou pour lui-même. De ce genre de comportement provient le terme courant «maniaque».

D'autre part, *le type dépressif* a tendance à passer d'un modèle de vie normale à des états d'extrême tristesse et de dépendance. Quelquefois, le désespoir est tellement profond qu'il pense toujours au suicide et il peut arriver à faire de sérieuses tentatives (parfois avec succès). La victime d'une psychose dépressive agit d'une manière apathique et nonchalante, ne montrant aucun intérêt pour quoi que ce soit, c'est-à-dire, son travail, ses amis, sa famille. Elle peut avoir des crises de larmes incontrôlables et inexplicables, allant jusqu'à dire: «Je ne sais pas pourquoi je pleure.» Elle peut être incapable de se lever le matin et dans des cas extrêmes, elle est incapable de tout mouvement physique.

Certains malades psychotiques manifestent des alternances de phases d'exaltation et d'abattement extrêmes et, dans ce cas, on les appelle maniaco-dépressifs. Certains malades ont un cycle régulier de quarante-huit heures: vingt-quatre heures de dépression suivies de vingt-quatre heures d'exaltation. D'autres malades ont des cycles aussi longs que dix-huit ou vingt-quatre mois.

On a estimé pendant une année aux États-Unis que cent mille personnes souffrant de psychose maniaco-dépressive se trouvaient dans des hôpitaux. Environ deux cent mille autres se font traiter dans des cliniques et à domicile.

La psychose paranoïde. Paranoïa provient de deux mots grecs: «para», au-delà et «noïa», esprit; le mot grec paranoïa signifie donc littéralement «hors de ses esprits», ou folie. Cette forme de psychose se caractérise par de graves illusions. Ces illusions ou croyances erronées, sont souvent organisées en systèmes apparemment logiques, si solides qu'ils ne peuvent pas être ébranlés par la raison ou même par une preuve contraire.

Ces systèmes peuvent prendre plusieurs formes spécifiques, les plus courantes étant les «illusions de persécution» et les «illusions de grandeur». Le paranoïaque souffrant «d'illusions de persécution» crée un tissu élaboré de fausses croyances prouvant que les gens le persécutent et veulent le rouler. Ses ennemis se trouvent partout, ses aliments sont empoisonnés et des rayons mortels invisibles lui sont envoyés par des gens qui, à nos yeux, semblent être des passants innocents.

Une caractéristique essentielle de la paranoïa est la tendance de la victime à donner des preuves de ses craintes et de ses accusations, se basant sur des faits réels qu'elle interprète mal ou auxquels elle accorde trop d'importance. Une légère indigestion, par exemple, lui fournira la preuve que les gens ont voulu empoisonner sa nourriture.

Le paranoïaque a sa propre logique et c'est ce qui compte pour lui. Il établira souvent un lien entre la persécution et la grandeur. Si nous lui demandons pourquoi les gens le persécutent, il nous répondra qu'il est quelqu'un de puissant et d'important dont ils ont peur. À un moment donné, tel individu se prend pour Napoléon, un peu plus tard peut-être il sera le roi d'Angleterre; souvent il se sentira appelé à de plus hautes destinées et se convaincra qu'il est le Messie. Si l'on accepte sa vision déformée de la réalité, si l'on accepte son cadre de référence, alors son processus de pensée et son comportement nous deviennent plus compréhensibles ou, tout au moins, un peu moins irrationnels.

Le comportement d'un individu paranoïaque présentera probablement beaucoup moins de détérioration générale que celui d'individus aux prises avec d'autres psychoses. Il en résulte que certains paranoïaques peuvent éviter l'hospitalisation et continuer à vivre à la maison et au travail encore que ce soit au prix de souffrances et de préjudices pour leur famille et leurs collègues.

De toutes les psychoses, la schizophrénie serait la plus fréquente; selon les statistiques, 25% des malades admis dans les hôpitaux psychiatriques en souffriraient. Le schizophrène peut paraître complètement insensible à ce qui normalement serait déprimant, exprimant peu de réaction émotive, par exemple, à la nouvelle de la mort d'un proche parent ou d'un ami. Cette rupture entre les émotions appropriées et la réalité explique l'expression *dédoublement de la personnalité*. Les normes de conduite, d'habillement et de propreté de l'individu peuvent se détériorer de façon tragique. Il peut devenir extrêmement replié sur lui-même, perdre contact avec tous les gens et avec l'ensemble du monde extérieur. Sa condition peut atteindre le point où il reste assis, complètement immobile pendant des heures et si pendant ce temps quelqu'un bouge les membres du malade, ses membres demeureront dans la position exacte où ils ont été placés. Cet état s'appelle *catatonie*.

Un schizophrène peut avoir des réactions paranoïdes, des hallucinations au cours desquelles il entend des voix ou a des visions, ou encore, ses perceptions peuvent devenir complètement déformées. Il peut aussi manifester un comportement bizarre, des pensées confuses et un langage incohérent et sans suite.

Les psychoses organiques sont qualifiées ainsi parce qu'elles sont causées par des troubles physiques, qualifiés aussi de troubles fonctionnels. Le cerveau, par exemple, peut être lésé et subir une détérioration à la suite d'un accident, d'une maladie, de la consommation de médicaments ou de poisons.

Parmi les facteurs les plus courants de la détérioration du cerveau, on retrouve la syphilis du système nerveux central, les tumeurs du cerveau, la dégénérescence des tissus nerveux due à la sénilité, les abus d'alcool et de drogue.

Une prédisposition génétique est nécessaire mais non suffisante pour causer la maladie. La maladie peut généralement être déclenchée par un événement ou une situation dans l'environnement de l'individu. La perte d'un être cher, par exemple, ou la perte d'une situation avantageuse. Le stress de la vie est souvent la cause déclenchante d'une psychose[10].

Ces états pathologiques peuvent survenir aux différents âges de la vie selon l'événement déclencheur qui les aura produits. La durée sera plus ou moins longue selon l'intensité de la maladie.

Témoignage d'un intervenant qui voit évoluer Jean dans un deuil pathologique

«Jean se sent coupable envers son épouse qu'il vient de perdre. Selon lui, il avait trop exigé d'elle, ce qui aurait hâté sa mort. Il manifeste des malaises somatiques: maux de tête, troubles du sommeil, de multiples tensions. La culpabilité chez lui est si forte, qu'elle entraîne des comportements autopunitifs de même qu'une incapacité à accepter d'être consolé. Il devient hostile envers sa fille et ses sœurs et il a souvent des accès de colère qui se manifestent par de l'irritabilité et de l'instabilité dans son humeur. Il est incapable d'établir des rapports chaleureux avec son entourage. Il perd tout intérêt pour le monde extérieur, incapable de travailler et de trouver une motivation dans quoi que ce soit. Il s'isole socialement et se laisse aller à une grande tristesse même quelquefois à la détresse. En tant qu'intervenant, je me sens très impuissant. Ma seule consolation, c'est qu'il a accepté que je sois présent à lui dans sa douleur et que je puisse recevoir son chagrin.

Jean n'a pas pu surmonter son état de choc et après trois mois de veuvage, il n'était pas capable de se centrer sur son présent et explorer peu à peu de nouveaux rôles. Au contraire, il laisse tout aller et sombre dans une profonde dépression d'où il n'est jamais sorti jusqu'à sa propre mort.»

André

Références

1. S. Freud, *Cinq leçons sur la psychanalyse,* Paris Payot, 1975.
2. Dr Maurice Dongier, La dépression, *Le médecin du Québec,* nov. 1983, p. 36.
3. Otto Fenichel, *The Psychoanalytic Theory of Neurosis,* New York W.W. Norton Co., 1945, p. 408.
4. Dr Alexander Lowen, *La dépression nerveuse et le corps,* Éd. Tchou, 1975, pp. 35-40.
5. Idem, p. 43.
6. Idem, p. 122.
7. Dr Maurice Berger et Françoise Hortala, *Mourir à l'hôpital,* Éd. du Centurion, 1974.
8. Krech, Crutchfield, Livson, Krech, *Psychologie,* Éds du Renouveau Pédagogique, 1979, p. 419.
9. Idem, pp. 426-432.
10. Dr Alexander Lowen, *La dépression nerveuse et le corps,* Éd. Tchou, 1975, pp. 144-146.

DEUXIÈME PARTIE

LE PROCESSUS DE DEUIL AUX DIFFÉRENTS ÂGES DE LA VIE

CHAPITRE QUATRIÈME

LE DEUIL CHEZ L'ENFANT QUI PERD UN PARENT

«Seigneur mon Père,
ne me laisse pas dans l'angoisse,
en lutte avec un pouvoir écrasant.
Je ferai connaître ton Nom
et, joyeux, dirai tes louanges.
Tu as écouté ma prière,
Tu m'as sauvé de la ruine,
arraché à l'étouffement.
Je t'en remercierai toujours
et je porterai ton Nom dans mon cœur.

Siracide 51, 10-12

Les auteurs qui ont traité ce sujet s'entendent difficilement sur l'âge auquel l'enfant est en mesure de réussir un travail de deuil.

Le processus de deuil en terme de détachement de l'objet d'amour perdu semble être une tâche à laquelle un enfant de moins de quatre ans échoue souvent. Car le processus de deuil nécessite l'opération des fonctions du moi qui sont encore immatures chez l'enfant de cet âge.

Furman, cité par Leist (1981), affirme que l'enfant a d'autant plus de chances de surmonter un décès sans dégât psychique s'il est plus âgé, mûr et en bonne santé au point de vue psychique. Par exemple, pour un petit de deux ans qui perd son père, les conséquences ne seront pas les mêmes que pour un adolescent de seize ans. Pour un petit de deux ans, le père occupe une grande place dans son moi intérieur, tandis que le jeune de seize ans est depuis longtemps dans une phase de mutation et a pour personnes de référence d'autres hommes mûrs. Chez les tout-petits, il semble qu'un point soit avant tout décisif, à savoir dans quelle mesure ils expriment la force de leur moi et sont en relation étroite et stable avec les parents[1].

Qu'entend-on par force du moi?

La psychanalyse y voit la faculté de se comporter en être indépendant, capable de penser et de sentir. C'est une faculté qui n'est encore qu'au stade du tâtonnement chez l'enfant.

L'enfant a besoin, pendant longtemps, de la présence du père et de la mère pour s'orienter dans le monde, pour consolider ses relations d'amour et pour oser faire les pas nécessaires pour son développement.

Les petits enfants sont-ils en mesure de supporter le conflit? Une partie de la personnalité de l'enfant, dépendamment de son éveil, peut reconnaître le fait de la mort ou de la séparation alors que l'autre partie continue d'attendre le retour de la personne chère. Il y a une certaine incapacité chez l'enfant de considérer la perte comme définitive. Il verra la mort plutôt comme un sommeil. Chez l'enfant qui n'a pas atteint le stade de l'acquisition du langage, selon Raimbault (1976), la mort est plutôt perçue comme une séparation prolongée. À cet âge, c'est souvent la perte de la mère qui risque d'entraîner des effets désastreux sur le devenir de l'enfant. Avant six mois, l'enfant présente des signes de détresse mais peut s'adapter à un substitut adéquat. Sa réaction dépendra de la stabilité de ce substitut et du discours que la famille tient à propos de cette disparition.

Dès *six mois,* alors que l'enfant reconnaît sa mère comme une personne entière et différente de lui, toute séparation prolongée entraîne des effets immédiats de protestation, de colère, de révolte qui peuvent durer plusieurs semaines, suivis d'un état de désespoir, de retrait, d'apathie, de pleurs. L'auteur souligne avec Bowlby que la durée et l'intensité des différents signes de détresse, que l'enfant de *six à dix-huit mois* présente après la séparation — disparition de sa mère, varient selon qu'il y aura ou non un substitut et que ce substitut comprendra ou non sa détresse et y répondra. L'auteur affirme: «L'enfant qui ne parle pas, ne connaît pas la mort, il connaît l'absence[2].»

Un enfant de *deux à trois ans,* selon Hélène Deutsch, peut saisir le concept de la mort, celui de *trois ans et demi à quatre ans* peut «faire un deuil». Il est donc important pour les parents de transmettre aux enfants, dès le jeune âge, la notion de la mort comme faisant partie de la vie.

L'évolution dans la compréhension du phénomène peut varier

d'un enfant à l'autre. Entre *trois et cinq ans,* l'enfant perçoit la mort comme un départ, il croit que le disparu vit dans d'autres circonstances. Entre *cinq et neuf ans,* l'enfant perçoit la mort comme une personne à qui on peut échapper si on ne la rencontre pas. Ce n'est qu'après neuf ans environ que le caractère inévitable et définitif de la mort est reconnu[3].

L'enfant qui perd un être cher a besoin d'être rassuré, il a besoin de beaucoup d'attention. Si les parents sont préoccupés par leur propre douleur, il peut parfois être difficile de prêter attention aux sentiments et aux besoins de leur enfant. Un neveu de dix ans venait de perdre son père, je lisais dans ses yeux beaucoup d'inquiétude, j'ai voulu le sécuriser en lui disant: «Alain, n'oublie pas que tu as une tante et une marraine, quoi qu'il arrive, tu ne seras jamais seul.» Il me regarde avec ses grands yeux, en me disant: «Ma tante, c'est cela que j'avais besoin d'entendre aujourd'hui.» Il avait tant besoin d'être sécurisé. Cette réflexion d'Alain confirme bien cette affirmation de Raimbault: «Le plus grand dommage pour l'avenir de l'enfant n'est pas la perte d'un parent, mais le fait qu'aucune parole de l'entourage ne soit venue lui permettre de nommer l'événement et de le faire entrer dans son histoire.»

John Bowlby s'est penché sur les réactions des petits enfants séparés de leur mère. Le bébé passe par trois phases très marquées: *l'espoir, le désespoir, le détachement.*

Dans la *phase d'espoir,* l'enfant réclame le retour de sa mère à grands cris et larmes et manifeste de la colère. Il se calmera petit à petit pour ensuite vivre l'espoir de la retrouver. Il passera ensuite à la deuxième phase de *désespoir,* il perdra alors tout intérêt pour sa mère. Il peut même, au dire de l'auteur, l'oublier au point de ne plus la reconnaître si elle vient le chercher. La troisième phase de *détachement,* l'enfant reste replié sur lui-même, déprimé. Si l'enfant réagit par la colère, ses accès de colère sont quelquefois d'une violence inquiétante. Quand un enfant ou un adulte réagit à une perte par de la colère, c'est là une réponse normale. L'auteur affirme: «L'évidence laisse penser que, loin d'être pathologique, l'expression est une condition nécessaire pour que le processus du deuil normal puisse suivre son cours. Ce n'est que lorsque tous les efforts possibles ont été faits pour recouvrer l'objet perdu que, semble-t-il, l'enfant ou l'adulte se trouve dans une humeur propre à accepter sa défaite. Il peut alors prendre un nouveau départ en s'orientant vers un univers dans lequel il accepte l'absence irrémédiable de l'objet d'amour[4].»

Selon Alexander, la réaction de colère après une perte est la réponse naturelle d'un organisme qui souffre. En terme bioénergétique, l'enfant est en colère contre sa mère parce qu'elle l'a fait souffrir et, par sa colère, il tente d'arrêter la douleur, de surmonter la souffrance physique. Celle-ci étant provoquée ici par la perte du plaisir, le corps se contracte Les sensations et l'énergie se retirent de la surface du corps des zones érogènes pour se concentrer dans la musculature, et, selon l'auteur, seule une action violente peut désormais les libérer. Après la décharge par la colère, les pleurs et les sanglots conduisent à une nouvelle libération, encore plus profonde. À la suite de ces décharges émotionnelles, l'énergie devient enfin disponible pour les fonctions de plaisir. Si la libération n'est pas totale, l'organisme reste biologiquement bloqué et ne parvient plus à exprimer son désir ni à s'ouvrir à tout ce qui l'entoure.

La haine d'un enfant pour sa mère doit être considérée comme une réponse naturelle à la séparation, au rejet ou au retrait de l'amour. Quand une mère retire son amour, que ce soit intentionnellement ou sans le vouloir, elle devient en fait destructrice pour l'enfant, puisque le bien-être émotionnel du petit dépend presque entièrement de son amour.

La première réaction de l'enfant à la frustration est une réaction de colère et de rage, mais la plupart des mères sont persuadées qu'elles n'y sont pour rien[5].

Joseph Rheingold (1964) qui a étudié les abus de pouvoir dont les enfants sont parfois victimes était ahuri par la virulence avec laquelle les mères déchargent impulsivement sur leurs enfants la haine refoulée de leur propre mère et il affirme ce qui suit: «Nous avons tout simplement affaire à la transmission de l'agressivité destructrice d'une génération à l'autre; la fillette et la femme adulte ne font qu'une et ce que sa mère lui a fait, elle le fait à son tour à sa fille ou à son fils, selon le cas[6].»

L'auteur perçoit cette agressivité destructrice comme une peur de la mère qui accepte mal d'être une femme. Cette crainte l'amène à rejeter sa féminité et sa sexualité et à rejeter son enfant qui en est la manifestation. Elle rejette son bébé en dépit des intentions conscientes de l'aimer et de l'accepter. Elle devient ouvertement hostile chaque fois que l'enfant lui fait une demande qu'elle est incapable de satisfaire, aussi de ce fait, se sent-elle coupable. Les pleurs du petit peuvent la mettre hors d'elle et peuvent même la conduire à des sentiments meurtriers. Il n'est pas rare d'entendre une mère s'exclamer: «Je vais étrangler ce gosse, s'il n'arrête pas de brailler.»

Sandor Lorand (1946) a démontré qu'un des facteurs déterminants de la dépression chez l'enfant était «une attitude menaçante, frustrante, répressive de la mère». L'enfant a peur d'être détruit par sa mère. Celle qui a donné la vie peut aussi l'enlever et tout nourrisson ressent avec acuité que sa survie dépend de sa possibilité de conserver un lien positif avec sa mère. Lorsqu'il sent de l'hostilité chez elle, il y réagit par une manifestation d'amour. Bien sûr la haine est là toute proche, mais réprimée parce que trop menaçante. À la suite d'observations répétées, l'auteur affirme que: «L'enfant le plus rejeté, celui qui a subi le plus d'abus dans sa famille, devient un adulte qui voue un véritable culte à sa mère. Un tel enfant se sent aussi le plus indigne, le plus coupable et se déteste profondément[7].»

Dans toute mère, selon les auteurs, il y a un germe qui peut soit se développer et s'épanouir, soit se dessécher et demeurer stérile.

Dans tout nouveau-né, l'amour pour la mère, c'est-à-dire le désir de contact, de chaleur est pleinement épanoui, mais face au rejet et à l'hostilité, cet amour dépérit peu à peu et finit par se flétrir. Toutefois, il ne meurt pas; c'est impossible, car cela signifierait la mort de l'enfant.

La colère née de la perte de la mère, de la perte du plaisir est mêlée de peur et le chagrin est lui aussi teinté d'espoir. Pour l'enfant, la perte n'est jamais absolue, il se dit qu'il est toujours possible que sa mère revienne à de meilleurs sentiments.

L'enfant peut-il survivre s'il ne conserve pas une certaine foi en la nature humaine?

Aucun enfant ne peut accepter de «faire son deuil» d'une perte qui équivaut à sa propre mort. Son équilibre et sa survie exigent qu'il perçoive une image positive dans sa mère, qu'il préserve sa croyance en une bonne «bonne mère».

Quels sont les facteurs qui peuvent influencer le processus de deuil chez l'enfant?

Lorsqu'un jeune enfant perd un parent proche, il perd un objet d'amour et un support d'identification. Quatre facteurs peuvent influencer le processus de deuil chez l'enfant: *l'âge, le stade de développement, le degré de maturité* et *les événements vécus* tels: les circonstances de la mort connues ou ignorées, mort subite ou attendue, le comportement de l'enfant vis-à-vis le défunt, l'intensité des liens qui unissent l'enfant à la personne décédée. Connaître la réalité de la mort est une condition essentielle à l'assimilation du deuil. Pour l'enfant devenu orphelin, l'assimilation du deuil n'est possible que si cette réalité peut être saisie et crue.

Marielene Leist (1981) affirme que la perte de la mère touche quelque chose de fondamental pour l'enfant, mais la perte du père apporte aussi des problèmes spécifiques. La mère veuve a plus de tendance à vivre seule, sans conjoint, alors il peut manquer à l'enfant d'être confronté à un homme. La fille perd son assurance par le manque d'approbation et d'affection du père. Pour le garçon, la perte du père le prive de l'image et de l'identification, d'où la difficulté à développer sa virilité et le risque d'avoir une attente trop forte et inconsciente à l'égard de sa mère. À cela s'ajoute l'insécurité financière causée par la perte des gains paternels.

Les problèmes liés à la perte d'un parent dépendent souvent du milieu familial et de la qualité de la relation entre ses membres. Le sentiment de culpabilité peut être lié à la compréhension de la cause réelle de la mort. Aussi est-il important de donner des informations claires sur les circonstances du décès tout en tenant compte du développement psychique de l'enfant. Plus l'enfant est jeune moins il est en mesure d'assumer par lui-même la perte d'un parent très proche. La personne la plus apte à apporter son aide est souvent celle qui est la plus touchée par le deuil. L'enfant a besoin de plus de temps que l'adulte pour intégrer une perte même si les mécanismes sont sensiblement les mêmes.

Comment aider un enfant à intégrer le deuil d'un parent?

— Prendre une attitude sécurisante et chaleureuse.

— Favoriser, chez l'enfant, l'expression de ses sentiments.

— L'aider à surmonter sa peur, son effroi, sa lutte à distinguer sa vie de celle du disparu.

— Respecter, tolérer pour un certain temps les mécanismes de défense que l'enfant peut présenter comme: l'isolement, la régression, la négation de la réalité, la nostalgie, la haine.

*Témoignage d'une personne qui a perdu son père
à l'âge de deux ans*

Maryse a perdu son père à l'âge de deux ans et voici ce qu'elle nous livre:

«J'ai un souvenir très vague de cet événement. Mon père est décédé suite à un accident de chasse. Je me rappelle l'insécurité affective qui m'envahissait. Ma mère ne pouvait sortir sans que je lui fasse une crise, car j'avais peur de la perdre. J'ai vécu des crises de rappel de cette perte vers l'âge de quatre ans. J'aimais me retrouver seule dans le grenier, il y avait à cet endroit le chapeau de castor et le violon de mon père, j'ai eu envie de pleurer, mais j'ai continué à jouer.

Après trente ans, je vis encore l'étape de la colère, j'en veux à la famille de mon père de ne pas avoir été assez présente auprès de nous. Je me demande si la colère ne s'adresse pas à mon père lui-même de nous avoir laissées seules? Après tant d'années, je réalise que l'intégration de la perte de mon père n'est pas encore complète. Je constate que le deuil d'un parent pour un enfant en bas âge, s'il n'est pas intégré, peut influencer le cours de sa vie.»

La perte d'une sœur cadette

Julien a neuf ans, pour la première fois de sa vie, il est confronté à la mort. Sa petite sœur de quatre ans vient de mourir. Voici ce qu'il raconte: «Véronique s'est fait écraser par une automobile en glissant. Dans ma tête d'enfant, il se passait quelque chose que je ne saurais décrire. C'était comme un rêve. Je sentais en moi une voix intérieure qui me disait: 'Ta sœur est heureuse et elle veillera sur ta famille.' Ma mère racontait les signes qu'elle avait eus pour l'avertir de l'événement. Elle avait vu

Véronique, en rêve, baignant dans son sang et elle n'avait pu se rendormir. L'après-midi de ce même jour vers deux heures, ma petite sœur entrait dans la maison pour quelques minutes et retournait glisser. Ma mère voulait l'empêcher, mais elle ne pouvait l'exprimer, ni agir. Une force la retenait. Deux minutes après sa sortie, Véronique se faisait écraser par une automobile.»

À l'âge de douze ans Thérèse perd sa mère

«Le fatal appel téléphonique nous parvient, ma mère venait de mourir. Ce fut un choc, je suis restée émotivement paralysée, incapable de pleurer et seule pour vivre ma peine. Elle laissait derrière elle, neuf enfants âgés de quatre à seize ans. À l'intérieur, la douleur me transperçait. Ayant été adoptée très jeune par une tante, je n'avais pas eu la chance de bien la connaître et je vivais toujours dans l'espoir que sa santé s'améliorerait et que je pourrais enfin communiquer avec elle. Je manquerai toujours un 'Je t'aime de ma mère', je ne me souviens pas d'avoir reçu un baiser d'elle celle-ci ayant toujours été malade.»

La liste pourrait s'allonger sans fin de ces témoignages de perte de parents très chers.

«Oh, ramenez-moi mon frère:
Toute seule, je ne peux pas jouer.
L'été revient et les fleurs et le miel.
Où mon frère s'en est-il allé?»

Felicia Dorothea Hemens

Références

1. Marielene Leist, *Dis pourquoi la mort?* Éd. Cana, 1981, pp. 207-210.
2. G. Raimbault, *L'enfant et la mort,* Édouard Privat, Paris, 1976, p. 12.
3. Hélène Deutsch, Absence of Grief, *in Anticipatory Grief,* B. Schenberg et al..., Eds Columbia University Press, New York, 1937.
4. John Bowlby, Childhood Mourning and Its Implications for Psychiatry, *The American Journal of Psychology, vol. 128,* n° 6, December, 1961.
5. Dr Alexander Lowen, *La dépression nerveuse et le corps,* Éd. Tchou, 1975, pp. 138-141.
6. Joseph C. Rheingold, *The Fear of Being a Woman,* New York, Greene et Stratton, 1964, p. 141.
7. Sandor Lorand, *The Technique of Psychoanalytic Therapy,* New York, International University Press, 1946.

CHAPITRE CINQUIÈME

RÉACTIONS DE DEUIL CHEZ L'ENFANT ET LES PARENTS

A) LE DEUIL CHEZ L'ENFANT QUI SE MEURT

B) LES PARENTS FACE À LA MORT DE LEUR ENFANT

C) RÉACTIONS DES PARENTS FACE À LA NAISSANCE D'UN ENFANT MORT-NÉ OU HANDICAPÉ

ENVELOPPE-MOI DE TON MANTEAU

Si le froid de l'incertitude,
Un jour, me gelait comme glace,
Si je ne trouvais plus la place
Où déposer ma solitude,

Enveloppe-moi de ton manteau,
Ciel infiniment grand, ciel infiniment beau,
Enveloppe-moi de ton manteau.

Si l'espoir en moi installé,
Soudain s'envolait en chemin,
Si je ne sentais plus ce lien
Qui relie à la vérité,

Enveloppe-moi de ton manteau,
Ciel infiniment grand, ciel infiniment beau,
Enveloppe-moi de ton manteau.

Si ne fleurissait plus l'amour
Du bout des élans de mon être,
Comme le bourgeon qui va naître
Et s'épanouir plus chaque jour,

Enveloppe-moi de ton manteau,
Ciel infiniment grand, ciel infiniment beau,
Enveloppe-moi de ton manteau.

Si de luttes vaines, lassée,
S'éloignait de moi le courage
Comme une barque du rivage,
Par la tempête déportée,

Enveloppe-moi de ton manteau,
Ciel infiniment grand, ciel infiniment beau,
Enveloppe-moi de ton manteau.

Extrait du manuscrit « Laisse en ciel ton regard », 1985.

Auteure: Claire Silvera-Rochon, directrice des Centres de Teilhard de Chardin à Québec.

A) LE DEUIL CHEZ L'ENFANT QUI SE MEURT

L'enfant qui va mourir représente un objet destructeur pour ses parents, ses médecins, pour tous ceux qui le soignent. Ces enfants sont des agresseurs qui nous menacent. *Un enfant peut-il mourir? N'existe-t-il pas une certaine incompatibilité entre l'enfance qui est un espoir de vie et la réalité de la mort?*

Une spécialiste en Éducation nous livre le témoignage d'un jeune de huit ans, du nom de Roger dont la mort l'a marquée profondément.

«Dans le milieu pédiatrique où Roger vécut près d'un an, sa mort a été vécue intensément; il s'était fait une place au fond de son lit, dans une chambre qu'il aurait voulu isolée. Heureusement, la nature et l'évolution de son mal ont favorisé la formation d'une équipe de soins pour qui la mort éventuelle de Roger est devenue un lieu de rencontre, une expérience de partage.

Pendant de longs mois, Roger nous a tenus en suspens; il était difficile de savoir non seulement quelle direction allait prendre sa maladie, mais quelle direction il allait prendre lui. Roger soulevait autant d'agacement, d'impatience que de tendresse et d'affection chez tous ceux qui vivaient avec lui. Une sorte de silence mystérieux l'enveloppait, une sorte de silence que lui-même avait construit. Son ambivalence à poser un geste définitif, son hésitation à faire un pas, choquaient et mystifiaient à la fois. Un jour, son père annonce à Roger qu'il ne reviendra plus le voir «parce que tu mets trop de temps à guérir». Pour le personnel qui entoure Roger de soins attentifs, cette décision est ambiguë et difficile à accepter; le père, en quittant le poste infirmier, avait laissé échapper la question qui, lui, l'écrasait: «Est-ce qu'il va bientôt achever de mourir?» À cause de cet incident, une longue discussion de toute l'équipe est brusquement déclenchée avec la mère qui, à ce moment, semble prendre toute la place, incluant celle de Roger, dans l'événement.

Pour la mère de Roger, son enfant ne mourait pas; l'attitude de son mari l'a fait redoubler d'espoir... un peu comme si elle allait compenser parce qu'une corde importante venait de lâcher... Pendant une semaine, elle sera aux aguets, assise, se berçant auprès de Roger; auprès de lui, refusant de reconnaître son épuisement, elle surveillera et attendra, silencieuse et muette, comme prête à bondir mais sans éclats!!! Personne n'aura vu pleurer cette femme, même au moment où le verdict du médecin lui confirmera la mort imminente de Roger. Sa seule réaction: «J'espère qu'aujourd'hui, vous allez m'annoncer qu'il fait du progrès...» Peu à peu, Roger se désintéressa des copains, de la salle de jeu, même si parfois, sa mère ou encore l'éducatrice l'y enroule fidèlement dans sa chaise... Roger s'obstinera à une seule activité: résoudre un problème de blocs-légo qu'il recommencera chaque jour en présence de sa mère, ou de l'éducatrice, ou de l'infirmière, prenant bien soin de ne laisser personne l'aider à le résoudre.

Pour tous les membres de l'équipe, cette situation était aux limites de ce qui humainement peut être toléré. Une décision, un choix s'imposait. Tous les pédiatres, sauf un, font maintenant la ronde, sans même saluer Roger comme pour ne pas nourrir sa vitalité vacillante! Pour eux, la guérison, c'est-à-dire la correction des erreurs-accidents dans cet organisme, n'est plus pensable ni même souhaitable. Leur rôle vient de se terminer, semble-t-il; sans plus, ils se retirent de l'équipe. C'est alors aux infirmières, c'est-à-dire aux soignantes du quotidien, ces soignantes de cette vie qui continue malgré tout, c'est alors à la mère, à Roger, aux éducatrices et aux enfants de la pédiatrie qu'incombe la responsabilité de former une nouvelle équipe pour cette vie que Roger doit vivre tant qu'elle est là.

Le problème n'est plus d'aider l'enfant à mourir, il s'est transformé; pour tous, il s'agira de découvrir et donner un sens à la direction nouvelle de l'événement. Il fallait arriver à comprendre ce que chacun nous apportions, à cet événement, plutôt qu'à Roger lui-même; il s'agissait semble-t-il de dépasser ce qui jusque-là nous écrasait, nous confirmait notre impuissance. Le retrait du père et des pédiatres ne faisait que confirmer nos fantaisies personnelles au sujet de la mort de cet enfant; par ailleurs, Roger était toujours là, lourd dans son grand silence. À ce stade, pour l'équipe, si l'on fait exception de la mère dont le silence est fait d'une complicité navrante, les choses en sont là: d'une part, l'équipe se dit: «Roger, nous nous préparons à ta mort et agissons en conséquence.» Dans son mutisme sourd, Roger répond à l'équipe: «Je mourrai quand je voudrai.» Subitement la mère sort de son silence: «Il mourra quand je serai prête à le laisser aller, quand j'aurai la garantie qu'il sera en sécurité.» Les fantaisies des infirmières sortent peu à peu: «Une surdose, et ça y serait, pauvre Roger!» Intérieurement, je suis la seule à ne pas livrer ce qui demeure encore très confus. Je me retourne vers les enfants qui me supplient de leur regard: «Pourquoi ne pas collaborer à la mort de Roger, pourquoi le laisser tout seul!» Je cède... ignorant que j'en aurais pour dix ans à clarifier ce qui m'arrivait alors... Et pourtant, chacune des réunions de l'équipe de soins veillait à apporter chaque jour la contribution quotidienne des enfants vis-à-vis Roger. La sympathie, la pitié, la peine, l'angoisse et la consolation s'étaient, grâce aux enfants, transformées... L'action nous avait en un sens gagnés... Cette action vivante dont parle Edgar Morin en termes d'organisation.

Au fond de moi-même, j'ignorais la piste que je suivais... je savais pourtant et c'était la position que je défendais pour la nourrir, que les enfants nous avaient eus... La piste nous énergisait tous, nous unissait tous dans cette action commune... pourquoi y résister?

Rapidement, les choses ont cessé d'être là..., elles se sont mises à débouler... Nous sommes maintenant en avril..., on prépare la fête de Pâques à la salle de jeu..., le thème à l'honneur est la mort. Informé, Roger demande d'être transporté à la salle de jeu... Son arrivée est soulignée par une offrande que lui font les enfants: «On aimerait te faire un cadeau.» Roger insiste pour qu'on lui fabrique des fleurs et qu'on en pique autour de son lit... Pendant deux heures, dans une activité douce mais bourdonnante, les enfants embaumeront en quelque sorte Roger. Plus tard, ils iront tour à tour le visiter à sa chambre, lui commentant que «les fleurs demeurent très belles parce qu'elles n'ont pas à être arrosées, elles sont comme mortes».

Ce langage ouvert qui surprend chacun des membres de l'équipe, n'entraîne aucune interdiction des adultes auprès des enfants; chacun se laisse transporter dans cette aventure inusitée dont nous respectons le mystère et la vitalité.

À ce moment, le grand silence est rompu. La mère de Roger va enfin crier, devant lui...: «Ce sera la troisième fois que je me fais enlever un enfant..., ce sera la sixième fois en deux ans que la mort me vole quelqu'un dans ma famille! C'est assez! Y'a vraiment pas de justice!» ... Silencieux, mais les yeux très vifs, Roger contemple sa mère. «Tu m'empêches de partir... et je veux m'en aller, je suis si fatigué d'être ici à attendre» ... Violemment, sa mère lui rétorque: «Non, tu ne partiras pas tant que je ne saurai pas où tu vas!»

Après un long silence, la mère de Roger m'avoue alors qu'avec les nouveaux cours de catéchèse à l'école, on demande aux parents de ne pas parler de la mort aux enfants, qu'une conception nouvelle plus rassurante a remplacé la «vieille façon d'en parler». Ce sur quoi la mère commente tristement: «Mais avec tout ça, je ne sais plus à quoi il croit... où il s'en va... avec qui il va être... ce qu'il faut qu'il apporte avec lui! Qui prendra soin de lui?»

Je devenais à la fois la confidente privilégiée et la consultante au sujet d'un voyage à préparer... au sujet d'un lieu à concrétiser,

au sujet d'images à construire. Munie d'une aisance jusquelà absente, je demande à Roger de répondre à chacune des questions de sa mère...: «Je veux, dit-il, aller dans un endroit où il y a des sentiers et des arbres, je veux avoir une bicyclette dorée et je veux avoir un papa, une maman et des frères...»
Les traits de la mère s'adoucissent à mesure que la réponse se dessine. «Si c'est tout ce qu'il veut, il peut bien l'avoir.» Roger me regarde comme pour chercher une confirmation à ce qu'il a entendu: «Alors, c'est oui! j'ai la permission!»... Je venais, moi aussi, de consentir. «Ça a l'air que ce que tu demandes est correct et que ta maman n'a aucune objection à ton voyage...» Dans un geste de soudaine énergie, Roger demande à être assis dans sa chaise roulante... Haletant, il demande que je l'emmène à la salle de jeu «pour dire bonjour aux amis» ... De retour à sa chambre, après quelques heures silencieuses passées avec sa mère et une infirmière, il laissera sa mère retourner à la maison... Dans la nuit, c'est une infirmière qui découvrira que Roger est déjà parti... que son être grêle, si lourd d'attente, venait enfin de libérer ce lit dont le symbole n'en finissait plus d'habiter une équipe, sa famille élective[1].»

Les enfants sont très lucides devant la mort et ils savent qu'ils vont mourir. Pourquoi voudrait-on leur cacher cette réalité? L'enfant n'a-t-il pas droit à la vérité? Il a besoin qu'on lui donne la permission de partir et qu'on cesse de le retenir et de prendre le temps et l'espace pour assurer sa propre continuité.

Chaque enfant, selon Leist (1981), se pose de lui-même la question du pourquoi, du sens d'un événement. Il est important de donner à l'enfant la possibilité de parler avec nous de ce pourquoi.

L'intérêt des parents pour une telle question, leur participation, leur propre douleur, leurs larmes apportent à l'enfant une réponse profonde et précise, le pressentiment que la question du pourquoi n'est pas un pas de plus vers l'insensé, mais plutôt la première expérience de l'incompréhensible[2].

Un jeune enfant de neuf ans qui se mourait d'un cancer, écrivait à Elizabeth Kübler-Ross et lui posait les questions suivantes:
— Qu'est-ce que la vie? ...
— Qu'est-ce que la mort? ...
— Pourquoi les jeunes enfants doivent-ils mourir?

Voici le contenu de la lettre que Dougy s'était empressé de partager avec ses parents et plus particulièrement avec les parents des autres jeunes enfants qui allaient mourir.

«Ceci est une histoire à propos de

LA VIE

et des tempêtes de vent, à propos des graines que l'on sème au printemps, des fleurs qui fleurissent à l'été, et que l'on récolte à l'automne.

C'est une histoire à propos de

LA MORT

qui pour certains arrive tôt dans la vie et pour d'autres très tard... et de ce qu'il en est de tout cela.

Imagine le tout début du commencement de la vie et de Dieu qui a créé toutes les choses — comme le soleil qui brille au-dessus du monde et nous réchauffe, qui fait pousser les fleurs de ses rayons qui couvrent continuellement la terre — même lorsque les nuages nous empêchent de les voir.

Dieu nous voit en tout temps, son amour brille toujours sur nous, peu importe que nous soyons petits ou grands, cela ne cessera jamais.

Quand les gens sont nés, ils sont aussi petits que les graines de pissenlit qui sont éparpillées dans les prés — certaines se retrouvent dans le caniveau, d'autres sur un joli gazon devant une superbe maison et d'autres dans une plate-bande...

Ainsi en est-il de nous; nous commençons la vie dans une riche maison, une famille pauvre ou dans un orphelinat, ou affamés ou mourants étant encore très jeunes ou aimés de parents qui nous désiraient vraiment ou qui nous ont adoptés et choisis personnellement.

Certaines personnes appellent cela les risques de la vie mais nous devons nous souvenir que Dieu est aussi en charge du vent et qu'Il aime les graines de pissenlit autant qu'Il aime toutes les choses vivantes — spécialement les enfants — et il n'y a pas de coïncidences dans la vie !

Il ne discrimine jamais, Il aime de façon inconditionnelle, Il comprend, Il ne juge pas — Il est tout amour. Vous et Dieu avez choisi vos propres parents entre des milliards ! Vous les avez choisis pour pouvoir les aider à grandir et à apprendre et ils peuvent être vos professeurs aussi.

La vie, c'est comme une école où l'on nous donne une chance d'apprendre plusieurs choses comme de bien s'entendre avec les autres, ou de comprendre nos sentiments, d'apprendre à être honnête avec nous-mêmes et les autres, d'apprendre à donner et à recevoir de l'amour, de l'affection — et lorsque nous avons passé tous les examens — (pareil comme à l'école) — nous pouvons graduer — ce qui veut dire que nous pouvons retourner dans notre vraie demeure, près de Dieu d'où nous venons tous et où l'on rencontre tous les gens que l'on a déjà aimés — comme une fête de famille après la graduation.

... Voilà le temps où nous mourons, quand nous laissons notre corps, quand nous avons accompli notre travail et sommes prêts à avancer.

 Durant l'hiver, on ne voit aucune vie dans l'arbre...

 mais quand arrive le printemps, les petites feuilles vertes sortent l'une après l'autre...

 et à la fin de l'été, l'arbre est plein de fruits, il a rempli sa promesse, sa mission et sa raison d'être.

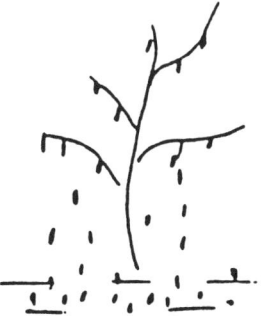 À l'automne, l'arbre est dénudé de ses feuilles — tombées une à une — l'arbre est au repos pour l'hiver.

Certaines fleurs ne s'épanouissent que pour quelques jours — nous les admirons toutes et les aimons tous parce que c'est l'annonce du printemps et un signe

D'ESPOIR

Finalement, elles meurent — mais elles ont fait ce qu'elles avaient à faire !

Certaines fleurs s'épanouissent longuement — les gens les prennent pour acquises, ils ne les remarquent même plus — c'est la façon dont l'on traite les personnes âgées — nous les voyons assises sur le banc d'un parc jusqu'au jour où elles nous quittent pour toujours.

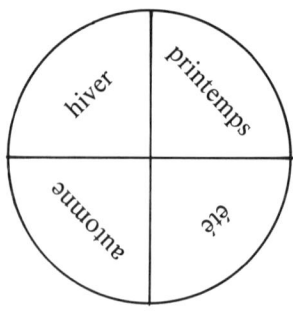

Tout dans la vie est circulaire; le jour suit la nuit, le printemps vient après l'hiver.

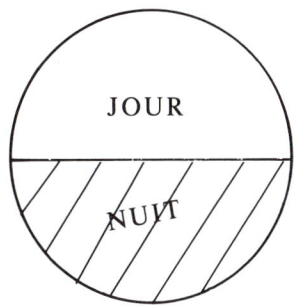

Quand un bateau disparaît derrière l'horizon, il n'est pas «parti», il est simplement hors de notre vue...

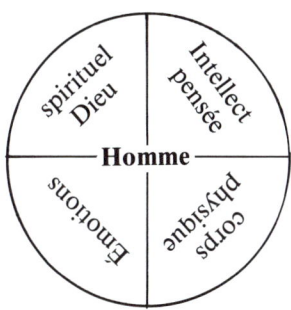

Dieu veille sur toutes les choses qu'il a créées — la terre, le soleil, les arbres, les fleurs et les personnes — qui doivent passer à travers l'école de la vie avant de graduer.

Lorsque nous avons fait tout le travail pour lequel nous avons été envoyés sur terre — nous pouvons abandonner notre corps — celui qui emprisonne notre âme comme le cocon qui enveloppe le futur papillon —

... et lorsque le temps est venu, nous le laissons aller, libéré de la souffrance, libre des peurs et des inquiétudes — libre comme un très beau papillon, de retour dans la maison de Dieu qui est une place où jamais l'on est seul — où l'on continue de grandir, de chanter et de danser, où l'on est avec ceux qu'on aime (qui avaient abandonné leur cocon plus tôt) et où l'on est entouré de plus d'amour que l'on pourrait jamais s'imaginer!»

B) LES PARENTS FACE À LA MORT DE LEUR ENFANT

«La mort des parents, c'est la perte du passé. La mort d'un enfant, c'est la perte de l'avenir» (Dr Elliot Lub).

La mort d'un enfant est un événement tragique très difficile à accepter pour les parents. La mort d'un enfant provoque, de plus, une situation de crise durant laquelle les parents doivent apprendre à vivre différemment et à traverser positivement cette étape de leur vie.

Parkes (1972) a isolé sept traits communs qui caractérisent les réactions à la perte:

— La prise de conscience: le sujet affligé passe par le déni ou refus d'admettre qu'il a perdu quelqu'un ou quelque chose.

— L'angoisse déclenchée par une réaction d'alarme, l'agitation et les manifestations physiologiques de la peur.

— La recherche de l'être perdu, que l'on souhaite retrouver sous une forme ou sous une autre.

— La colère, parfois accompagnée de violence, et un sentiment d'agressivité à l'égard de ceux qui poussent le sujet affligé vers l'acceptation prématurée de sa perte.

— Le sentiment intime de la perte de soi ou celui d'avoir été mutilé.

— Un phénomène d'identification à l'objet perdu par l'adoption de traits, de manières ou de symptômes caractéristiques de la personne disparue accompagnée ou non de l'impression que celle-ci est présente à l'intérieur du sujet.

— Des variantes pathologiques de la douleur: la réaction peut être excessive et prolongée, ou inhibée et tendant à se manifester sous une forme indirecte[3].

Le décès d'un enfant est un événement dramatique, selon Lukosevicius (1982), parce qu'il entre en contradiction avec sa raison d'être. L'enfant vient au monde pour jouir, grandir, se réaliser et non pas pour disparaître[4].

TÉMOIGNAGE

Le 20 juillet 1977, mon fils aîné, Michel, dix-neuf ans cinq mois, étudiant à l'université du Québec à Trois-Rivières était porté disparu; sa bicyclette neuve achetée le matin même était retrouvée sur le pont Laviolette mais nulle trace de Michel. Il était en congé ce jour-là, et je me souviens encore de la chaleur torride qu'il faisait, je me sentais lasse et accablée par cette chaleur caniculaire.

Nous, ses parents, habitons Sherbrooke et nous avions rendu visite à Michel quatre jours avant sa disparition. Il était heureux de nous voir et nous, heureux de constater comment il s'était bien installé dans son nouvel appartement. Bref, rien ne laissait présager le drame qui allait survenir. Michel et moi avions peu de secrets l'un pour l'autre, nous vivions une belle complicité mère-fils. Il était musicien, et lorsqu'il m'arrivait d'avoir le vague à l'âme, Michel se mettait au piano et improvisait des mélodies et des chansons pour mettre un peu de baume sur les sentiments qui m'habitaient. Il n'aimait pas me voir triste et il trouvait toujours le truc pour me faire sourire d'abord et ensuite rire aux éclats. Il était un clown délicieux!

Pourquoi la mort est-elle venue me l'arracher si cruellement? Entre le 20 et le 25 juillet j'ai vécu cette phase qu'on appelle négation et je vaquais à mes occupations habituelles refusant de vivre un deuil par anticipation. Ce n'est qu'à trois heures de l'après-midi le 25 qu'on m'apprend par téléphone qu'on venait de trouver le corps noyé de Michel sur la grève à Notre-Dame-du-Cap. Providentiellement j'avais à mes côtés l'amie la plus apte à m'apporter le support nécessaire dans ces circonstances. Elle m'écoutait pleurer dans un silence rempli de compassion, son bras entourant mes épaules. La présence attentive de Jacqueline me fut une bénédiction.

Quinze jours avant la mort de Michel, il s'est trouvé que je fus attirée par un titre dans un numéro de Sélection du Readers Digest, une revue que je ne lis jamais mais qui avait sans doute été oubliée chez-moi. Le titre de cet article: La vie après la vie du Dr. Moody. Jusqu'à ce jour je ne m'étais jamais vraiment arrêtée à la question de la mort, et surtout l'éventualité de perdre un enfant me chavirait et je préférais ne pas y penser car j'étais persuadée que j'en mourrais moi-même de chagrin ou que je sombrerais dans la folie. J'avais pris de la distance avec l'Église et la pratique religieuse tout en restant fidèle à ma foi en Jésus Christ et à ma croyance à une vie qui se continue sous une autre forme après notre séjour terrestre. C'était bizarre, pourquoi avais-je tout à coup envie de lire cet article? J'ai tôt fait de réaliser quelques semaines après les funérailles, que cette lecture était comme une grâce envoyée du ciel pour me préparer à la séparation brutale d'avec notre fils débordant de joie de vivre, qui faisait la joie et la fierté de la famille et des amis. Je pensai que quelqu'un dans l'invisible m'aimait et avait pris soin qu'il y ait sous mes yeux une lecture susceptible de m'aider à apprivoiser la mort. C'est ainsi que j'ai eu la force nécessaire pour donner du support aux autres membres de la famille.

Entre le jour de l'annonce officielle de la mort de Michel et le jour de la funéraille, je me levais au petit matin, je sortais et marchais dans les rues endormies du quartier et laissais couler les larmes comme une débâcle au printemps criant pourquoi mon Dieu, pourquoi? Revenue à la maison le calme était réapparu et j'étais mieux en mesure de faire les nombreuses démarches qu'occasionne un décès.

Le matin de la funéraille, alors que je rentrais de ma longue marche dans le quartier, je me suis assise à la table de la cuisine; un rayon de soleil éclairait joyeusement le coin de table où je m'étais placée. À ce moment je fus inspirée pour écrire un éloge funèbre pour notre Michel qui, me disais-je, est peut-être mort pour m'apprendre à moi sa mère, amie et confidente ce qu'est la vraie vie car il disait souvent à l'instar de Saint Exupéry: «L'essentiel est invisible aux yeux du corps.» Depuis le départ de Michel du plan physique, sa mémoire joyeuse faite de rires et de complicités m'habite plus que jamais; ma vie a plus de profondeur et a pris un sens plus large, englobant tous les êtres de la planète, autant les êtres visibles que les invisibles et je crois sincèrement que ce sont ces derniers qui nous aident le plus dans notre croissance et cheminement spirituel. J'ai appris le détachement, la capacité de lâcher prise, l'adaptation au changement qu'apportent inévitablement les pertes d'êtres chers.

La mort de Michel a été suivie huit mois plus tard par le suicide de ma sœur benjamine; quelques années après la mort de mon père et il y a deux ans à peine par la mort accidentelle de mon conjoint. La mort fait donc maintenant partie de ma vie et comme la solitude, je m'en suis faite presqu'une amie.

Aline

Éloge funèbre pour Michel

Michel, mon fils bien aimé, mon grand ami, mon rayon de soleil...

Ta présence chaleureuse et réconfortante va me manquer. Tu savais si bien dissiper de mon cœur la tristesse en y répandant un baume de joie, simplement par un regard, un geste affectueux et spontané.

La vue de tes doigts agiles courant sur les notes de ton piano va me manquer, car tu avais le don de faire passer les messages de ton âme créatrice dans ta musique et tes chansons.

Ta joie de vivre, ton authenticité, ton altruisme, ta sagesse sont les trésors précieux que tu nous laisses en héritage, à ton père, à moi, à ta Debra chérie, à tes frères, sœurs et nombreux parents et amis. Tu ne pouvais nous laisser un plus beau cadeau, tu sais.

Nous irons tous te rejoindre un jour mon Michel avec ces trésors impérissables que tu nous as laissés et que ta douce mémoire aidera à faire fructifier afin que nous puissions à notre tour les laisser en héritage à tous ceux que nous avons connus et aimés.

Au revoir mon Michel.

Ta mère, ton amie.

Ce témoignage nous fait voir, en accéléré, une façon de réagir à la mort d'un être cher. Des chercheurs se sont penchés sur ce phénomène et ils ont pu en dégager les éléments suivants.

Réactions au deuil selon:

Kübler-Ross (stades)	Parkes (traits)
1. dénégation	1. prise de conscience
2. colère	2. angoisse
3. marchandage	3. recherche de l'être perdu
4. dépression	4. colère
5. acceptation	5. sentiment intime de la perte de soi
	6. identification à l'objet perdu
	7. variantes pathologiques de la douleur

Réactions individuelles devant la mort d'après Glaser et Strauss

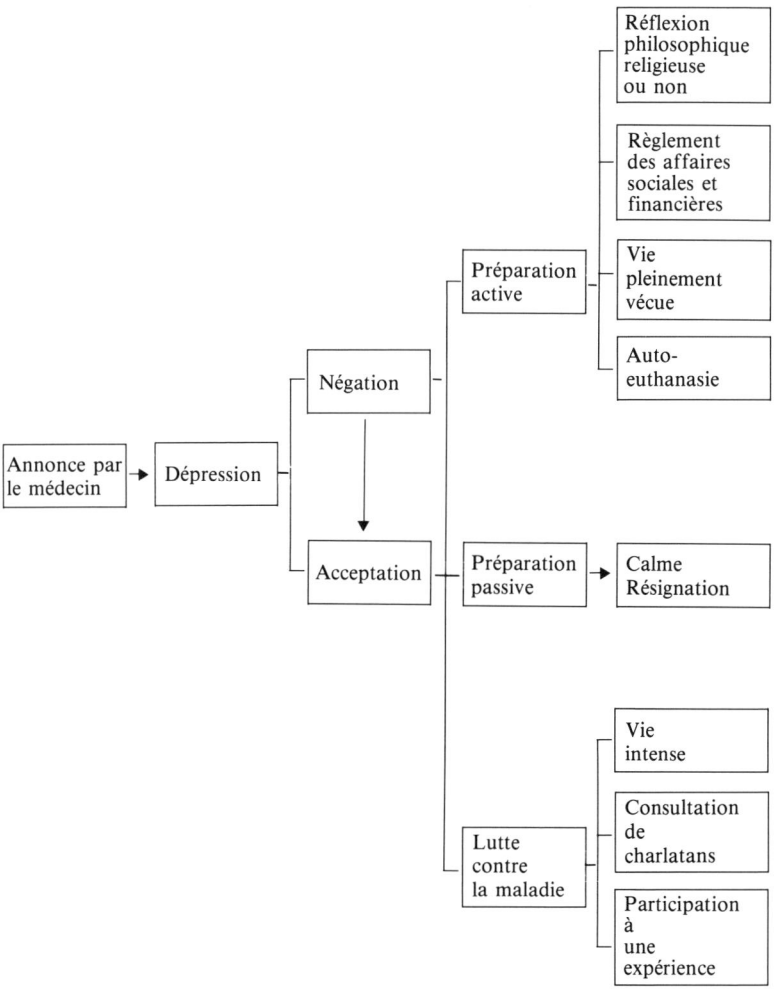

Brian L. Mishara; Robert G. Riedel, *Le vieillissement*. Puf, 1985, p. 186.

Selon Lukosevicius (1982), les parents éprouvent physiquement et émotionnellement la peine provoquée par la perte et la séparation. Rien ni personne ne peut remplacer l'enfant perdu. La présence des enfants qui restent ne console pas les parents, ils ne peuvent remplacer l'enfant décédé. La vue d'enfants ayant le même nom, une allure semblable, des gestes identiques ne fait que raviver les sentiments envers l'enfant décédé. Le vide est difficile à combler. La vue des objets ayant appartenu au défunt provoque une douleur et un chagrin continuels: sa chambre, ses vêtements, ses jouets, etc.

Beaucoup de parents craignent par la suite d'avoir un autre enfant. Ils ont peur qu'un décès subit ou une maladie grave ne leur enlève à nouveau un enfant. Souvent, l'expérience de ce décès leur a fait découvrir l'existence de la souffrance et de la mort. Ils ont appris aussi qu'elles n'épargnent pas les enfants. La décision d'avoir un enfant ne devrait pas survenir avant que le processus du deuil ne soit complété.

Des parents réagissent en idéalisant l'enfant décédé. Il était le plus fin, le plus intelligent, le plus sensible, le plus proche.

Les parents éprouvés trouvent particulièrement difficile d'affronter les familles où il y a des enfants, en particulier, si ces derniers ont le même âge que l'enfant décédé.

Il surgit quelquefois certaines difficultés dans le couple à la suite de la perte d'une enfant. Le chagrin ne renforce pas toujours nécessairement les liens. Il se peut qu'au lieu de les resserrer, les liens se tendent à l'extrême et finissent par se rompre. D'après certaines études américaines, 90% des couples connaissent des difficultés relationnelles graves dans les mois qui suivent la mort de leur enfant. Il y a peu d'explication à cet état de chose, chaque couple étant une entité particulière, mais il existe, semble-t-il aux dires des chercheurs, certaines similarités dans les problèmes auxquels se heurtent les parents qui ont perdu un enfant.

Le deuil, même partagé, ne semblerait pas le meilleur ciment pour souder un couple.

«Le chagrin ne se partage pas. Chacun doit en porter son fardeau sur ses propres épaules, comme il le peut» (A. Lindbergh).

Parler de l'enfant disparu dans beaucoup de familles peut devenir un sujet de discorde si le père et/ou la mère ont tendance à refouler leur chagrin.

Il existe autant de personnalités que de méthodes pour résister au deuil et tenter de l'intégrer. La tactique la plus simple ne serait-elle pas de se laisser porter par la vague et ne pas lutter contre le chagrin? Il est important de se laisser aller. Les larmes sont une excellente thérapie et elles mettent un baume sur les plus vives blessures.

C) RÉACTIONS DES PARENTS FACE À LA NAISSANCE D'UN ENFANT MORT-NÉ OU HANDICAPÉ

La naissance d'un enfant est attendue pendant plusieurs mois et la grossesse apparaît habituellement comme une période de grand investissement affectif. Pendant neuf mois, la place du petit être à naître est préparée avec soin. L'arrivée de l'enfant mort-né confronte brutalement les parents à une réalité imprévue, décevante et exigeante.

Les réactions des parents peuvent être très vives. Il en est de même pour la naissance d'un enfant handicapé. Selon Pelletier (1982), les réactions que les parents présentent peuvent se regrouper en trois catégories: a) réactions émotionnelles; b) réactions rationnelles; c) réactions d'ordre interpersonnelles.

a) *Réactions émotionnelles*

Les réactions psychologiques immédiates sont le choc, la négation, l'impression d'impuissance, l'impossibilité de croire à la réalité de l'événement, la colère et l'accusation dirigés contre le personnel infirmier ou médical, vers les autres mères et leur bébé.

b) *Réactions rationnelles*

Les parents éprouvent un grand besoin de recherche pour connaître le pourquoi? Ils se remémoreront les événements qui ont précédé la naissance. Des actions qu'ils auraient pu faire ou ne pas faire pour l'éviter. Ils passent en revue les antécédents familiaux et le déroulement de la grossesse.

c) *Réactions d'ordre interpersonnel*

Ces réactions sont celles de la mère face à son enfant, ses craintes face aux réactions de son mari, de la parenté, de l'entourage.

Plusieurs couples partent en voyage après les funérailles et ont de la difficulté à réintégrer leur domicile. Ils habitent parfois chez les parents ou des amis pour un certain temps.

En ce qui concerne les réactions psychosomatiques, plusieurs symptômes peuvent apparaître tels que fatigue, insomnie, irritabilité, difficulté de concentration, perte de l'appétit, douleur musculaire, etc.

La mère prend, en général, de un à trois mois pour retrouver son niveau normal de fonctionnement. Le père peut prendre de trois à six mois. Serait-ce parce qu'il n'exprime pas aussi facilement sa douleur? Cette différence d'intégration peut causer des problèmes de compréhension mutuelle dans le couple.

Les parents ont besoin d'aide pour verbaliser et comprendre ce qui leur arrive. L'intervenant(e) devra rassurer la mère qu'elle n'est pour rien dans le handicap ou la mort du bébé. Il devra accepter les sentiments de colère de la part des parents dirigés contre les personnels infirmier et médical.

Une intervention rapide, lors d'une situation de crise, favorise les chances de trouver des mécanismes d'adaptation positifs et de cheminer ainsi vers une plus grande maturité.

Il est fréquent que les parents, tôt après leur expérience, expriment le désir de concevoir un autre enfant. L'enfant de remplacement est une erreur lourde de conséquence. La confusion entre les sentiments éprouvés pour le bébé et ceux qu'on entretient par rapport au disparu peut amener une distorsion. « La peur de perdre l'autre enfant » et « le phénomène de l'enfant de remplacement » sont des phénomènes importants [5].

Témoignage d'une mère qui a perdu son nouveau-né

« J'ai connu la perte de l'enfant si désiré. Dans cette triste expérience, j'ai appris qu'il était possible de survivre à cette peine, d'être aimée et non prise en pitié. J'ai compris », affirme Marie: « que je pouvais grandir à travers cette perte. J'ai vécu ma peine sans chercher à l'anesthésier. J'ai aussi compris que malgré la profondeur de la vague, on pouvait toujours refaire surface dans la vie et, qu'après la marée basse, revient la marée haute. J'ai maintenant un autre enfant et je garde toujours en moi une certaine crainte de le perdre. Je me sens très vulnérable. Ce n'est pas parce que j'ai accepté la mort de mon premier enfant que je suis libérée de cette peur de revivre la même expérience. Je suis restée très dépendante de cette 'peur de perdre'. »

Références

1. Bibiane D'Anjou, L'événement de la mort chez les enfants: une perspective éducative, *Santé mentale au Québec,* vol 7, n° 2, nov. 1982, p. 42.
2. Marielene Leist, *Dis pourquoi la mort,* Éd. Cana, 1981, p. 239.
3. C.M. Parkes, *Bereavement: Studies of Grief in Adult Life,* New York, International University Press, Inc., 1972.
4. Irena Lukosevicius, Les parents face à la mort de leur enfant, *Santé mentale au Québec,* Vol. 7, n° 2, nov. 1982, p. 53.
5. Nicole Pelletier, «Alerte, devant le syndrôme de mort subite du nourrisson», *L'infirmière canadienne,* Juillet-Août, 1982, pp. 16-18.

CHAPITRE SIXIÈME
LE DEUIL CHEZ L'ADOLESCENT QUI SE MEURT

« Vous voulez connaître le secret de la mort. Mais comment le trouverez-vous sinon en le cherchant dans le cœur de la vie. »

Khalil Gibran

L'adolescent a souvent des idées bien personnelles sur la mort. Elle lui apparaît souvent comme irréelle parce qu'elle lui semble éloignée, mais aussi parce que son développement intellectuel est incomplet.

Il est capable de conceptualiser de façon systématique, mais les notions culturelles qu'il possède sont véhiculées par les médias d'information qui appuient souvent sur l'irréalité de la mort. Les jeunes adolescents intègrent difficilement qu'un jour la mort va les frapper et les couper d'une vie significative.

En vieillissant, leur capacité de connaître et leur maturité émotionnelle changent et leurs idées face à la mort ressemblent davantage à celles de l'adulte. Étant plus conscients d'eux-mêmes, ils commencent à organiser leur avenir et la mort fait partie de leur futur.

Selon Kastenbaum (1972), la perception de la mort chez l'adolescent ressemble à celle des adultes. On constate tout de même beaucoup de changements dans leurs réactions surtout chez les douze et dix-huit ans. Ils sont, semble-t-il, plus vulnérables à la peur de la mort et à l'anxiété.

Le milieu familial peut avoir une forte influence sur leur comportement. L'auteur a constaté que ceux dont les parents sont divorcés ont davantage peur de la mort que ceux qui vivent avec les deux parents. Le taux de suicide augmente de beaucoup à cette période[1].

Voici le témoignage des parents de Jean, dix-sept ans, diabétique depuis son tout jeune âge.

«Jean a vécu de longues périodes d'hospitalisation. Une agressivité maladive et incontrôlée est présente dans le comportement de notre fils à l'égard du personnel des hôpitaux. Il accuse les hôpitaux de lui avoir volé son enfance. Il est peu respectueux pour tout ce qui concerne le monde médical.

Jean se retrouve régulièrement dans le coma. Ce matin, nous avons dû l'hospitaliser à nouveau. Jean est persuadé que son état de santé pourra s'améliorer grâce à ce séjour à l'hôpital. Il doit passer la batterie des tests et il a hâte d'en connaître les résultats.

Les résultats sont négatifs et le médecin lui exprime son mécontentement et lui reproche son manque de collaboration en ne suivant pas sa diète alimentaire. Jean ne répond pas et se réfugie dans le silence le plus complet.

Le médecin l'invite à passer à la salle d'examen et tout en l'examinant, il continue ses reproches. «Je ne suis pas satisfait de ton état de santé», lui dit-il. Une fois l'examen terminé, le médecin note dans le dossier de Jean et le prie de sortir: «Va attendre tes parents dans la salle d'attente, j'ai quelque chose à leur dire.» Jean est mécontent et il grogne son insatisfaction.

Le médecin nous explique la gravité de l'état de santé de notre fils et que les résultats laissent peu d'espoir. Le médecin affirme: «Jean sera avec le petit Jésus dans environ deux ans.»

Nous étions complètement dépassés par les événements. Nous voulions éviter pour le moment la mauvaise nouvelle à Jean. Une seule idée se trouvait dans nos têtes, il ne faut pas pleurer parce que Jean devinerait la gravité de son état. Nous étions bouche bée devant cette nouvelle. C'est alors que le médecin a dit: «Je n'ai plus rien à vous dire et je vous souhaite la meilleure des chances.»

Nous avons vécu le chemin du retour dans le silence complet.

Sa mère et moi étions assommés par la nouvelle. Jean sentait sûrement la gravité de son état.

La soirée fut pénible. Nous avions hâte de nous retirer dans notre chambre pour nous permettre d'échanger et de vivre nos sentiments. Nous n'avons pas jugé bon de révéler à notre fils les deux années qui lui restaient à vivre. Mais après une semaine, Jean a voulu en savoir davantage sur son état:

Jean — Maman, je veux savoir la vérité sur mon état.

Mère — Rien de grave.

Jean — Pourquoi le médecin m'a-t-il fait sortir de son bureau?

Mère — Les médecins ont des raisons que nous ignorons.

Jean — Je veux savoir.

Mère — Donne-moi quelque temps, je vais y réfléchir.

Jean — Je veux la vérité et je l'aurai.

Nous l'invitons à prendre place autour de la table. Nous lui expliquons les révélations du médecin. D'un ton orgueilleux, il nous répondit: «Seulement que ça, il ne vaut pas la peine de faire autant d'histoires, il n'y a rien de grave à cela puisque nous allons tous mourir un jour.»

Pourtant, notre vaillant jeune homme disparut dans sa chambre et pleura toute la soirée et une partie de la nuit. Nous assistions, impuissants.

À partir de ce jour, il nous rendit la vie impossible: fugue, consommation d'alcool et de drogue, il utilisa tous les moyens pour se détruire.

Nous constations que nous avions été manipulés par le médecin, il nous avait obligés à devancer cette expérience. Inviter un grand garçon de dix-sept ans à sortir en présence de ses parents lorsque la consultation est pour lui, c'est, à notre avis, un manque de professionnalisme et de compétence.

Le médecin nous aurait évité de nombreux soucis en nous fixant une rencontre par téléphone. Nous n'aurions pas vécu les événements prématurément et nous nous serions préparés psychologiquement à supporter Jean dans son processus d'acceptation.

Nous étions d'accord que Jean apprenne la nouvelle, mais nous aurions préféré la repousser à plus tard. Dans l'immédiat, le médecin nous oblige à la révéler. Nous n'étions pas préparés à faire face à la réalité de la mort pour notre enfant et encore moins à lui annoncer.

Suite à ces événements, Jean nous interdisait de le conduire à l'hôpital s'il se trouvait dans le coma. Il nous demandait de le laisser mourir paisiblement.

Sa mère et moi refusions d'embarquer dans cette stratégie. Il nous laissait l'entière responsabilité de sa mort et nous ne pouvions pas, humainement parlant, vivre une expérience aussi pénible.

Avec beaucoup d'authenticité, nous lui expliquions que nous l'aimions trop pour le laisser mourir sans intervention de notre part. Nous lui faisions part de notre désir de le garder parmi nous le plus longtemps possible.

Nous l'assurions de notre support dans les moments difficiles et nous lui expliquions qu'aucun parent équilibré ne laisserait souffrir son enfant par plaisir. Après de longues explications, Jean accepta de se laisser conduire à l'hôpital pour obtenir les premiers soins quand il serait dans le coma. Par contre, il n'acceptera pas d'être hospitalisé avec sa pleine connaissance.

Nous acceptions cet arrangement. Jean continua ces mêmes comportements de révolte. Il consomma drogue et alcool néfastes pour sa santé. Il s'absenta régulièrement de ses cours académiques.

Il échoua son Secondaire V alors qu'il avait d'excellentes notes avant d'apprendre cette nouvelle.

Il se trouvait dans une désorganisation totale et nous devions en payer la facture. Nous ne reconnaissions plus notre adolescent, nous n'avions jamais eu de difficultés avec lui et voilà qu'en l'espace de quelque temps, plus rien ne va. De plus, il rencontre une jeune fille de seize ans et ils se disent amoureux l'un de l'autre. Nous étions craintifs et heureux de cet événement puisque cette présence lui apportait sérénité et joie de vivre.

Nous ne sommes pas intervenus dans sa relation de couple en apprenant à sa petite amie la gravité de son état.

Quelques semaines plus tard, il nous révèle qu'il n'est pas près de mourir puisque son amie est enceinte et qu'il va être père. Nous étions dépassés par la situation. Nous nous sommes assis avec le jeune couple et nous avons discuté longuement de leur avenir et de celui de l'enfant à naître. Le jeune couple en est venu à la conclusion de choisir l'avortement pour cet enfant.

Nous suggérons à la jeune fille mineure de discuter avec ses parents puisque leur support est nécessaire pour vivre cette expérience sans traumatisme. Sa mère a décidé de lui faire mener sa grossesse à terme. Louise donna naissance à un beau petit garçon. La mère désirait que sa fille quitte Jean et qu'elle ne le revoie plus. Nous étions complètement démunis et bouleversés devant cet événement. Jean devait payer très cher son geste de revivre à travers cet enfant. Louise coupa les liens avec Jean et refusa tous les appels téléphoniques. Elle ne voulait plus le rencontrer. Jean tomba dans un profond désespoir et dans une grande révolte. Il perdait, du même coup, son amie, son fils et lui-même. Dans son désir de mourir, il abusa tellement de choses interdites pour sa santé qu'il entrait d'urgence à l'hôpital, en moyenne cinq à six fois par semaine.

Un jour, il demanda pour me parler. Je me suis rendu disponible à l'écouter en m'assurant que nous ne serions pas dérangés dans notre rencontre.

Il m'affirma son désir de mourir et m'avoua sa lâcheté pour s'enlever la vie par le suicide. C'est alors que je me suis approché de lui et je l'entourai de mes bras et le serrai contre ma poitrine en lui disant: «Rien n'est facile dans la vie, même vivre notre mort est difficile. Je t'aime tellement et je voudrais que tu sois heureux.» Il me répondit en sanglotant: «Papa aide-moi.»

J'ai pleuré avec lui et j'ai commencé à lui parler de Dieu comme force intérieure. Je lui parlai de mon adolescence et je lui exprimai ma souffrance durant cette période de ma vie. Je lui expliquai ma vision de la mort et comment elle peut devenir un moyen de fuir la réalité souvent pénible à supporter. C'est alors que je lui fis part d'une expérience positive qui m'a permis de donner un sens profond à ma vie et de découvrir mon potentiel. Cette réflexion m'a permis d'être heureux avec moi-même et les autres. Jean me faisait entièrement confiance, il désirait vivre cette expérience spirituelle avec mon support et mon aide.

Depuis, Jean a trouvé le calme intérieur. Il a surmonté sa peur de la mort et accepte de vivre un jour à la fois. Je lui ai prêté quelques volumes et, avec ces lectures, il comprenait mieux l'étape de la mort et son au-delà.

La mort accidentelle de son oncle de quarante-cinq ans lui a fait réaliser que le facteur temps n'est pas tellement important. Jean réalisa depuis ce temps que nous sommes sur terre pour accomplir une mission. Il comprit que ces limites physiques ne sont pas une raison pour arrêter de vivre. Depuis ce moment, il souhaitait ardemment revoir son fils. Il renoua avec Louise et cette dernière devenue majeure accepta que son fils puisse revoir son père régulièrement.

Maintenant, Jean accepte sa diminution et il investit l'énergie qui lui reste à des choses constructives.»

Que de parents ont eu à vivre des expériences semblables avec leur adolescent malade! Mais chaque expérience est unique et la maturité des parents est un facteur important pour aider le jeune à vivre ces périodes difficiles de la vie et à en sortir plus fort.

Quelle est la différence entre l'enfant et l'adulte qui se meurt?

L'adulte vit dans l'extinction de sa vie le tarissement de toutes ses sources de satisfaction. C'est une grande frustration qui peut être ressentie et exprimée à travers la protestation et la colère.

Contrairement à l'enfant, l'adulte utilise le déni au moment où il est confronté avec l'annonce éminente de sa mort. Ses capacités cognitives lui permettent d'anticiper le processus de séparation et d'angoisse qui l'accompagnent. Le déni lui permet de se rétablir du choc causé par cette annonce et avec le temps il peut commencer à envisager sa mort. L'enfant utilise le déni après avoir vécu un désespoir trop grand et reste pris avec ce mécanisme de défense alors que l'adulte l'utilise contre l'anticipation du désespoir et quand il est en mesure d'y faire face, graduellement, il se laisse vivre son deuil.

«Il nous est arrivé une curieuse aventure! Nous avons oublié que l'on doit mourir.

C'est cela que les historiens concluent après avoir examiné l'ensemble des sources écrites de notre époque. Une enquête, sur environ cent mille essais sortis durant les vingt dernières années, montrera que deux cents seulement (un pourcentage environ de 0.2%), abordent le problème de la mort» (Pierre Chaunu[2]).

Pierre Chaunu nous présente à travers cet énoncé l'un des plus grands scandales du siècle, *le déni de la mort.*

Ce mal bien connu de nos contemporains comporte de nombreuses conséquences car il affecte toutes les dimensions du vécu humain aux niveaux: physique, psychologique, social, économique, culturel, intellectuel et spirituel.

Le déni de la mort qui se veut rassurant crée, en réalité, un faux sentiment d'immortalité et laisse les gens mal préparés pour faire face à leur mort, à celle de leurs proches et à celle des membres de la communauté, en général. Cet événement n'en demeure pas moins avec la naissance, le plus important de notre vie.

Références

1. Robert J. Kastenbaum, *The Psychology of Death,* by R.K. & Ruth Aisenberg, New York, Springer Pub Co., 498 p., 1972.
2. R. Kastenbaum, Costa. P.T., Psychological Perspectives on Death *Annual Review of Psychology,* pp. 28, 225-249, 1977.

CHAPITRE SEPTIÈME

LES RÉACTIONS PHYSIQUES ET PSYCHOLOGIQUES À LA PERTE D'UN CONJOINT

A) LE DEUIL CHEZ LES VEUVES

B) LE DEUIL CHEZ LES VEUFS

C) LE DEUIL CHEZ UNE PERSONNE DIVORCÉE ET CHEZ CELLE NON DIVORCÉE

« Les gens en deuil ont dans les tripes
toute une jungle d'émotions qui
doivent s'exprimer d'une façon
ou d'une autre. Parfois ouvertement,
parfois en parlant, parfois en pleurant,
parfois poétiquement, parfois rituellement
peu importe comment il faut que
les gens aient l'occasion d'exprimer
les vrais sentiments, car le deuil
irrésolu est horrible et destructeur.»

Elizabeth Kübler-Ross

Plusieurs auteurs s'accordent à dire que les hommes et les femmes réagissent de façon différente à la perte d'un conjoint. L'âge semble aussi un facteur déterminant dans la résolution du deuil. Lorsque le deuil est vécu avant cinquante ans, il peut amener plus de problèmes physiques et physiologiques.

Plusieurs auteurs, tels que Glick, Weiss et Parkes (1974), ont étudié les dimensions psychologiques du deuil dans le couple. Ils se sont intéressés à connaître la nature des réactions à la mort d'un conjoint et à celle du processus de rétablissement[1].

A) LE DEUIL CHEZ LES VEUVES

Plusieurs entrevues avec des personnes en deuil ont démontré les réactions suivantes:

1) La réaction de choc;
2) La peine et le désespoir;
3) Le rétablissement et la recherche de nouveaux rôles;
4) La persistance de l'attachement;
5) La réorganisation.

1) *La réaction de choc*

Cette réaction se manifeste ordinairement par des frissons, de l'engourdissement, de l'hébétude, une sensation de vide, le sentiment d'être confuse.

La mort peut paraître irréelle et incompréhensible. La première réaction est le refus d'y croire, mais la confrontation avec la réalité (demande d'autopsie, salon funéraire, enterrement, etc.) fera en sorte que la personne devra reconnaître peu à peu le fait de la mort de son mari.

Le fait que la femme puisse réaliser, graduellement, l'arrivée inévitable de la mort adoucit le choc. Dans le cas d'une mort soudaine et inattendue, le choc peut être dramatique. Une réaction intense de choc, selon Parkes (1976), peut être suivie par une sévère anxiété de séparation et par des sentiments confus de culpabilité et de colère envers le défunt[2].

Les veuves qui vivent cette situation de choc intense semblent avoir plus de difficultés à se rétablir. Quand la veuve se retrouve seule, après l'enterrement, la peine continue d'être présente et intense. L'avenir incertain pour elle et ses enfants est empreint d'anxiété. Quelquefois, elle sera portée à se culpabiliser.

Dans la période qui suit l'enterrement, la veuve revoit les événements qui ont entouré la mort de son mari. Ce comportement permet l'intégration de la réalité de la mort et peut permettre l'expression des émotions.

2) *La peine et le désespoir*

La mort du conjoint amène une désorganisation profonde de la vie de l'épouse. Elle vient rompre une relation interpersonnelle qui peut être plus ou moins significative et changer son mode de vie et son environnement social. Ces perturbations introduisent de nouvelles difficultés dans sa vie et la laissent souvent seule pour les surmonter. Elle peut être assaillie par des sentiments d'anxiété, de désespoir, de dépression. Elle peut se demander si elle sera capable de surmonter cette séparation? Elle sera incapable, pour quelque temps, de se concentrer, de prendre des décisions et d'exécuter ses tâches journalières les plus simples.

Cette désorganisation de sa vie la confronte à la peur de la dépendance. Elle peut entrer en conflit avec son besoin de dépendance, d'être aidée et supportée par des amis et son désir de garder son indépendance.

Les réactions au niveau physique et physiologique

Quelques personnes démontreront de la difficulté à dormir. Il peut se produire une perte d'appétit, de la fatigue, de l'agitation, des vertiges, des étourdissements, des irrégularités dans les menstruations et de la difficulté à se concentrer, des pertes de mémoire[3].

3) *Le rétablissement et la recherche de nouveaux rôles*

Après quelques semaines de deuil, la veuve commence à réaliser qu'elle s'en sort bien. La confiance en elle-même se rétablit. Elle a maîtrisé le choc psychologique de la mort de son mari et commence à canaliser ses énergies vers de nouveaux projets.

Cette phase peut durer un an. La personne s'intéresse à de nouvelles activités. Elle y prend plaisir et elle est heureuse d'avoir réussi à surmonter cette séparation. Elle planifie sa vie future et puise dans la participation sociale de nouvelles énergies pour entreprendre de nouveaux apprentissages.

La personne vit davantage au présent et se laisse de moins en moins affecter par les souvenirs du passé.

La difficulté à se rétablir existe surtout chez les femmes dont le mari est mort soudainement. Ces femmes restent attachées à leur mari et ne cessent de penser à lui.

4) *La persistance de l'attachement*

Ce phénomène semble se retrouver chez toutes les veuves. Elles affirment après un an de veuvage penser encore à leur mari et avoir l'illusion de sa présence d'une façon plus ou moins régulière.

Cette immersion de leur mari dans la mémoire semble être plaisante et réconfortante.

Au début, ces souvenirs sont empreints par une idéalisation du mari et du mariage, plus tard, ils deviennent plus réalistes. Au cours de la première année, cette réminiscence des bons moments vécus avec son conjoint lui apporte une certaine sécurité affective.

5) *La réorganisation*

Après deux à quatre années de veuvage, la personne réorganise sa vie, soit en fonction du remariage ou d'autres relations qui soient satisfaisantes. Plusieurs ne réussissent pas à réorganiser leur vie d'une façon stable et satisfaisante.

La mort du conjoint demeure un événement très bouleversant lorsqu'elle frappe des personnes vieillissantes. Cette situation amène des changements extrêmement difficiles chez le survivant âgé. Le vieillissement étant déjà caractérisé par de nombreux changements tant physiologiques que psychologiques, la perte du conjoint peut provoquer des chocs émotifs et psychologiques si la personne n'a pas une bonne santé mentale.

Chaque personne réagira différemment à la perte du conjoint. Les séquelles seront plus ou moins longues chez certaines et chez d'autres, l'adaptation se fera plus facilement.

B) LE DEUIL CHEZ LES VEUFS

Selon Félix Berardo (1970), la mort du conjoint amène des conséquences plus graves chez l'homme que chez la femme. Après s'être adapté à son statut de retraité, l'homme est forcé, à la mort de sa femme, d'adopter de nouveaux rôles. Les conséquences de la retraite et la perte du conjoint propulsent l'homme âgé dans une situation bouleversante[4].

L'homme devra apprendre à se faire à manger, à faire sa lessive et à entretenir la maison. Si le veuf n'est pas préparé à de telles responsabilités, des problèmes de révolte et de frustration peuvent surgir.

Ces nombreux changements dans la vie du veuf peuvent provoquer des moments de dépression et même des désordres mentaux voire même le suicide.

Selon Statistique Canada (1977), le taux de suicide chez les hommes âgés est trois fois plus élevé que chez les femmes âgées.

Le veuf vit à peu près les mêmes étapes que la veuve, mais il lui est plus difficile d'accepter la mort de son épouse en raison des nombreux changements qui s'imposent.

La mort du conjoint peut amener le veuf à vouloir songer au remariage. Cette idée de remariage, plus ou moins rapide, se retrouve surtout chez les hommes qui étaient fortement dépendants de leur femme. Souvent, ce sera en raison de cette dépendance que les veufs songeront à se remarier. En se remariant, ils auront quelqu'un pour faire les repas, s'occuper de la maison, etc.

Le veuf aura peu de chance:
— d'aller vivre chez l'un de ses enfants
— d'avoir une grande implication au niveau de la parenté
— d'amplifier ses relations avec sa famille
— de donner ou même de recevoir de l'aide de ses enfants.

Au bout de deux ans ou moins, plus de 50% des hommes veufs se sont remariés contre seulement 18% chez les femmes.

Si le veuf est quelque peu replié sur lui-même, il aura tendance à vouloir rester seul, à s'isoler. Il ne veut pas avouer son besoin d'aide. Cela pourrait nuire à son image, il ne veut pas avouer sa dépendance. Par contre, d'autres continueront à vivre une vie normale même après la mort de leur partenaire et resteront seuls.

Le veuf et la veuve face à leur nouveau rôle

Pour mieux s'adapter à leur nouveau rôle, ils devront:

a) Se décentrer le plus tôt possible de la personne du disparu afin de recommencer une nouvelle vie.

b) Se réajuster à son nouvel environnement social.

c) Entreprendre, dans un bref délai, de nouvelles relations sociales.

Le fait d'entretenir de bons contacts avec ses amis, ses voisins et sa famille permettra au veuf et à la veuve de mieux s'adapter à leur nouvelle vie.

Problèmes occasionnés par le veuvage

1) *Le déménagement*

Il est souvent impératif de changer de maison après la perte d'un conjoint car elle ne répond plus au besoin, elle est devenue trop grande, difficile à entretenir seule, trop dispendieuse et aussi parce qu'elle suscite le rappel de beaucoup de souvenirs.

2) *Vivre seul*

Selon certaines recherches, seulement 6% des gens sont heureux de vivre seuls. Beaucoup vivent leur solitude accompagnés de problèmes physiques. Ils souffrent d'insomnie, d'irritabilité, de perte d'appétit ou de dépression.

La personne qui doit faire face seule à des problèmes financiers peut expérimenter de l'anxiété.

La solitude et l'insécurité sont les problèmes les plus importants à vivre suite à la perte d'un conjoint.

3) *Le côté financier*

Lors du décès du conjoint, il y a une baisse de revenus notable. La personne se retrouve avec un seul salaire ou pension de retraite pour faire face aux mêmes obligations qu'exige la maison. La personne peut même se retrouver au seuil de la pauvreté. Elle a moins d'argent pour se loger, se vêtir et se nourrir.

4) *Problèmes de santé*

Les problèmes de santé causés par le veuvage sont nombreux, mais ils sont souvent passagers. Plusieurs subissent une détérioration de leur santé. Ils peuvent ressentir les symptômes suivants: essoufflement, indigestion, céphalée, insomnie, dépression, perte d'appétit, certains peuvent voir leur état s'aggraver après certaines complications pathologiques comme la thrombose cardiaque et certains types de cancer.

Les gens sont amenés à consulter beaucoup plus le médecin, d'où la consommation abusive de médicaments. Les gens consultent souvent pour dépression, anxiété et insomnie. Le médecin leur donne une prescription de psychotropes (ex.: valium, librium) et on voit ainsi apparaître le risque de créer l'accoutumance au médicament, ce qui peut contribuer à intoxiquer la personne.

Le veuvage donne souvent, malheureusement, l'occasion d'acquérir des habitudes de surconsommation de médicaments[5].

5) *Le niveau de scolarité*

Le niveau de scolarité va influencer le processus d'adaptation lors de la mort du conjoint.

Les personnes qui ont peu de culture ont souvent peu d'activités extérieures et elles ne connaissent pas les associations qui pourraient leur apporter un support quelconque.

6) *Facteurs sociologiques*

Parmi les facteurs sociologiques, nous retrouvons:
a) la vie de couple,
b) l'environnement social,
c) la participation à des associations.

a) *La vie de couple*

La qualité de la relation aura un impact plus important dans le processus de deuil que la durée de la relation. Cependant, le disparu a tendance à être idéalisé après le décès. Les couples qui partageaient beaucoup d'activités avec leurs conjoints sont plus affectés par le deuil.

b) *L'environnement social*

La personne endeuillée a besoin de support affectif. Elle a besoin que quelqu'un comprenne ce qu'elle vit. Ce n'est pas toujours dans la famille qu'elle trouvera cette oreille attentive, elle devra souvent la trouver à l'extérieur.

c) *La participation à des associations*

Cette personne endeuillée peut faire appel à un service d'entraide aux veufs et aux veuves. Elle pourra partager avec d'autres personnes qui ont à vivre les mêmes étapes et cela lui permettra de passer à travers cette période de souffrances et d'en sortir plus vite.

Témoignage

Suzanne a accepté de partager avec nous le deuil de son époux.

« J'ai eu le choc avant sa mort. Je savais qu'il n'y avait plus d'espoir, mais j'essayais de le nier même quand le médecin m'informa de sa maladie et qu'il lui restait un an à vivre, je gardais un espoir.

Je n'ai jamais vécu une période aussi difficile de ma vie, j'étais devenue comme un robot. Quand il a commencé ses traitements de chimio-thérapie, nous partagions notre temps entre la route et la clinique du cancer. Nous étions épuisés.

Mon fils avait quatre ans à ce moment et pleurait chaque fois que son père vomissait.

Paul était devenu très agressif, ses cheveux avaient blanchi et il en perdait beaucoup, il maigrissait à vue d'œil. Il passait ses journées silencieux, rien ne l'intéressait et il ne parlait jamais de sa maladie.

J'aurais aimé qu'on en parle. Nous traversions cette épreuve en se tournant le dos. Nous vivions une très grande souffrance.

J'ai vécu beaucoup de colère quand il décéda parce que les traitements qu'il a reçus l'ont fait beaucoup souffrir et ils n'ont rien donné.

J'étais en colère contre Paul qui avait refusé de se faire soigner trois ou quatre ans auparavant lorsque le cancer débutait.

J'étais aussi en colère contre la famille qui ne venait pas le voir, ni à l'hôpital, ni à la maison. J'ai dû vivre cette dure période complètement seule.

Ce fut très pénible de le voir partir, mais après tant de souffrances, ce fut en même temps une libération pour lui et pour moi.

Un an après la mort de Paul, j'ai fait une dépression. Je me suis identifiée à lui, je faisais les mêmes gestes, je m'assoyais à la même place que lui. Je pensais respirer comme lui et marcher comme lui.

Après deux ans, je suis bien, j'ai repris goût à la vie, mais je demeure toujours inquiète de mon fils Louis, car pour lui 'grandir, c'est mourir'. Quand il avait quatre ans, son père est décédé, un an après, sa grand-mère qu'il aimait beaucoup et quelques mois plus tard, il voyait son grand-père mourir à l'hôpital.

Mon fils a besoin de retrouver le goût de vivre.»

Bernard, soixante et un ans, vient de perdre son épouse. Après quelques semaines de veuvage, il est encore sous l'effet du choc. Après trois ans, il vit encore l'étape du désespoir, il n'a pas été capable de réorganiser sa vie et d'explorer de nouveaux rôles. Au contraire, il a tout laissé aller pour sombrer dans une dépression d'où il n'est jamais sorti jusqu'à sa propre mort. Il n'accepta pas son deuil.

Roland, cinquante-deux ans, perdait son épouse dans un accident d'auto. Le choc a été très dur, car la famille se compose de six enfants très unis et le départ, si subit de la mère, fut très difficile à accepter.

La famille se donna du support pour traverser ce grand chagrin et petit à petit, après avoir vécu toutes les émotions qui montent dans une telle situation, ils arrivèrent à leur rythme, à accepter cette épreuve et à retrouver dans la foi leur joie de vivre. Les tâches ont été partagées et un sentiment d'autonomie s'est vu renforcer chez les plus jeunes.

La perte d'un parent provoque des prises de conscience assez fortes quelquefois chez l'enfant. Il peut réaliser que s'il a perdu un parent, il peut encore perdre l'autre et qu'il doit continuer d'assumer sa vie seul. C'est lui qui doit faire sa vie, se prendre en charge.

Le départ d'un parent fait mûrir celui qui en a la capacité et peut l'amener à un fort degré d'autonomie.

C) LE DEUIL CHEZ UNE PERSONNE DIVORCÉE ET CHEZ CELLE NON DIVORCÉE

Le deuil d'une personne divorcée est-il vécu de la même manière que le deuil d'une conjointe de fait?

Guylaine qui a vécu cette situation vient répondre à notre question.

En septembre dernier Bruno, mon ex-époux, décédait d'un cancer. N'ayant pas été mise au courant de sa maladie, je fus très surprise à l'annonce de cette nouvelle. Les enfants projetaient une visite chez leur père depuis deux mois.

Comment vais-je l'annoncer aux enfants? Je suis désemparée... que faire? Que dire? Comment le dire? J'ai un sentiment d'échec devant cette mort. Cette mort prématurée et équivoque a provoqué, chez moi, un choc, du déni, de la colère, de la révolte. De plus, un comportement de fuite en raison de l'anxiété éprouvée et de l'incapacité d'exercer avec le mourant une relation d'aide efficace. Aucune écoute attentive, aucun support émotif de la part de la famille. Cette attitude nous a empêchés de vivre cette mort, d'exprimer nos émotions et surtout de nous sentir à l'aise de le faire.

Je n'avais aucun droit dans cette mort, il y avait dix ans que j'étais divorcée. Pour la famille, je n'étais que la mère des enfants du défunt. J'ai vécu un sentiment d'isolement par rapport à la famille et aux amis. Je me suis sentie coupable de ne pas avoir téléphoné plus souvent à Bruno. J'ai expérimenté un sentiment d'hostilité envers sa concubine et je l'ai encore. Il a déshérité les enfants et cela je ne peux l'accepter. Je ne peux plus compter sur son aide pour l'éducation de mes trois enfants. Je repars à neuf à trente-neuf ans et ça me fait peur.»

LES EFFETS DU DEUIL CHEZ:

NON DIVORCÉE	DIVORCÉE
problèmes financiers	idem
esseulée	idem
détérioration de la santé (Harver al Bahr, 1974)	
augmentation de consultation médicale (Parker, 1964; Maddison al Viola, 1968)	
augmentation de la consommation de médicaments (Parker, 1964)	
insécurité	idem
augmentation de mortalité dans les six premiers mois de veuvage (Epstein et al, 1974; Helsing, 1981)	
restructuration de la vie familiale (Arling, 1976)	
les relations avec les amis et les beaux-parents sont moins fréquentes ou difficiles (Adams, 1968; Maddison, 1968)	les relations avec les amies et les parents sont absentes
	les souffrances morales: – solitude – incompréhension – non-communication – angoisse – incertitude – incohérence

Comme ce vieux proverbe de Chine le dit si bien:
Ce que l'homme ordinaire convoite, il croit le trouver chez autrui.
Ce que le sage convoite, il le trouve chez lui.

COMPARAISON DU VÉCU DU DEUIL CHEZ LA VEUVE: DIVORCÉE/NON DIVORCÉE

La réaction de choc

NON DIVORCÉE	DIVORCÉE
1: réaction de choc	
– frissons	
– engourdissement	
– hébétude	
– sensation de vide	– sensation de vide
– sentiment d'être confuse	
– mort paraît irréelle	– mort paraît irréelle
– mort incompréhensible	– idem
– réaction de ne pas y croire	– idem
– confrontation avec la réalité (absence du mari) (demande d'autopsie) (salon funéraire) (enterrement)	– absence de ce droit
	– absence de ce vécu
– choc terrible	– idem
– sévère anxiété v/s séparation	– idem
– sentiment confus de culpabilité	– idem
– colère envers le défunt	– idem
– difficultés à se rétablir	
– peine contenue après l'enterrement	– absence de ce vécu
– avenir incertain pour elle et ses enfants	– sentiment très fort
– anxiété	– très grande anxiété
– besoin de contrôler leurs pleurs	– défense de pleurer sauf en cachette
– aidants pour surmonter sa peine	– aucune personne aidante, peine très grande et refoulée
– possibilité d'intégration	– impossible d'intégrer cette perte

Selon Glick et al, 1974, et Weiner et al, 1975:

«Intégration de la réalité de la mort d'une façon cognitive et émotive en explorant les différentes alternatives et en se rendant compte que seule l'une d'elles est réelle.»

COMPARAISON DU VÉCU DU DEUIL CHEZ LA VEUVE:
DIVORCÉE/NON DIVORCÉE

La peine et le désespoir — Le rétablissement

NON DIVORCÉE	DIVORCÉE
2: la peine et le désespoir	
– désorganisation profonde	– idem
– sécurité diminuée	– idem par la perte de l'allocation de divorce
– dérange le mode de vie	– idem
– dérange le vécu social	
– seule pour surmonter les difficultés maintenant	– sentiment très fort
– sentiment: d'anxiété de désespoir de dépression	– sentiment très fort
– changement dans la personnalité	
– peur de ne pas passer au travers	– sentiment très fort
– peur de ne pas avoir la force de tout supporter	– sentiment très fort
– peur de devenir folle	

Pour la non divorcée, au niveau physique et physiologique:

- difficulté à s'endormir
- perte d'appétit
- fatigue
- léthargie
- agitation
- vertiges
- étourdissements
- irrégularité dans les menstruations
- difficulté à se concentrer

(Clayton, 1974).

3: le rétablissement

Pour la non divorcée, après deux mois de deuil, elle commence à sentir qu'elle s'en sort. Sa confiance en elle se rétablit. Elle semble avoir maîtrisé le choc psychologique de la mort de son mari. Cela dure environ un an.

DÉROULEMENT TEMPOREL DU TRAVAIL DU DEUIL:

ENDEUILLÉE NON DIVORCÉE	ENDEUILLÉE DIVORCÉE
mobilisation spontanée et rapide du réseau de soutien des endeuillées	absence de mobilisation pas de réseau de soutien
visite des membres de la famille	aucune visite
offre d'aide diverse	aucune offre d'aide

Bowlby, 1960; une réflexion psychodynamique:

«Toute personne qui observe de près les réactions de deuil, réalise combien il est extrêmement difficile à un endeuillé (particulièrement s'il n'y a pas eu possibilité de pré-deuil en cas de décès subit: suicide, ou que la personne ne savait pas que l'autre était malade) de couper rapidement les liens innombrables qui l'attachent au décédé[6].»

Raimbault, 1976; *L'enfant et la mort,* Privat, Paris.

«Le plus grand dommage pour l'avenir de l'enfant, n'est pas la perte d'un parent, mais le fait qu'aucune parole de l'entourage ne soit venue lui permettre de nommer l'événement, de le métaboliser et de le faire entrer dans son histoire...»

Références

1. Glick, Weiss et Parkes, *The First Year of Bereavement,* New York Weley Interscience, 1974.
2. Parkes, C.M., Grief and Bereavement Following the Death of spouse, *Canadian Psychiatric Association Journal,* Vol. 21, 1976.
3. Clayton, P.J., Mortality and Morbidity in the First Year of Widowhood, *Archives of General Psychiatry, 30,* pp. 747-750, 1974.
4. Berardo, M. Felix, Survivorship and Social Isolation: The Case of the Aged Widower, *The Family Coordination,* January, pp. 11-22, 1970.
5. Raimbault, *L'enfant et la mort,* Éd. Privat, Paris, 1976.
6. Bowlby, J., Separation Anxiety, *International Journal of Psychoanalysis, 41,* pp. 89-113, 1960.

CHAPITRE HUITIÈME
LES RÉACTIONS DE DEUIL DANS LA PERTE PAR LE SUICIDE

«J'attends, j'attends,
J'attends un dénouement
que je désire, que je crains.
Cent fois dans ma tête,
j'ai calculé mes chances de te retenir
cent fois
J'ai cru te perdre
Je vascille
Je ne suis plus maître de mes sentiments
J'en suis fâché,
Je me sens trop vulnérable
trop à la merci de ta décision,
Dans le doute continuel, je m'épuise
à penser et à repenser
Où se trouve mon guide intérieur alors que
mes idées s'entremêlent et s'entrechoquent.

Dany

Plusieurs auteurs s'accordent à affirmer qu'un deuil est plus intense et plus difficile face à une perte par le suicide que dans les pertes qui font suite à une mort naturelle.

Plusieurs personnes que nous connaissons qui ont vécu ce deuil nous le confirment.

Quand une personne se tue, cela signifie qu'elle ne peut plus vivre avec elle-même. Elle ne supporte plus ses sentiments hostiles et négatifs, et elle est incapable de les exprimer autrement que par un acte suicidaire. C'est la raison pour laquelle meurtre et suicide vont souvent de pair; il n'est pas rare de voir le meurtrier se suicider après son crime.

Selon Lowen, la personne déprimée serait comme un nageur qui aurait une ancre attachée à la cheville; quels que soient ses efforts pour se maintenir à la surface, l'ancre le tire vers le fond. Les sentiments négatifs réprimés et le poids de culpabilité qui les accompagne agissent bien comme l'ancre en question. Libérez-en le nageur et il va tout naturellement remonter à la surface[1].

Que se passe-t-il chez l'endeuillé
après une perte par le suicide?

L'endeuillé est porté à reviser sa relation et à estimer qu'il aurait pu prévenir le suicide ou qu'il aurait pu l'arrêter. Cette mort, pour lui, est un échec et il a beaucoup de difficulté à l'accepter. Il cherchera par tous les moyens à comprendre le «pourquoi d'un tel geste».

Le refus de la réalité est si intense que l'endeuillé peut essayer de contrecarrer la remise en question qu'impose cette perte en attribuant la cause de la mort à quelqu'un d'autre que le suicidé («C'est la société qui l'a tué»).

Ce type de réaction représente une tentative d'évitement de la remise en question, de la relation imposée par la culpabilité, du suicide et il s'effectue par le déplacement de la responsabilité du suicide sur une cible extérieure.

Quand cette projection est rendue impossible et que la rationalisation ne trouve pas d'excuse, il semble que la colère s'élève contre le suicidé qui a délibérément déserté la vie et abandonné l'endeuillé.

Selon Danto (1977), ce qui caractérise essentiellement la phase de protestation dans le deuil après un suicide, c'est le besoin impératif de trouver la cause de la mort. Ce besoin induit une remise en question de la relation avec le suicidé avant le décès. La plupart des réactions de cette phase sont subordonnées aux mécanismes de *rationalisation,* de *refoulement,* de *déni,* de *projection.* Ces mécanismes qui répondent au besoin de trouver une cause au décès, sont considérés comme faisant partie du processus de deuil[2].

Lindemann et all (1979) affirme que le cheminement intellectuel pour comprendre le sens de cette mort est plus complexe. Cette compréhension procède par hypothèse et vérification des hypothèses. L'endeuillé passe par différents états émotionnels, la colère, la rage, le ressentiment et la honte sont particulièrement intenses. Cette rétrospective que nécessite la mort par le suicide menace l'intégrité du moi dans la mesure où l'endeuillé ne peut être sûr de ce qu'il croit être la raison du suicide, ni si cette raison est reliée à lui. Toute cette remise en question plus ou moins biaisée par les mécanismes de défense a pour effet de prolonger le deuil tant et aussi longtemps qu'un doute persiste.

Les divers sentiments de colère et d'abandon amènent l'endeuillé à contester la cause de la mort. C'est plutôt la *cause de la mort* qui est contestée que la mort elle-même.

L'endeuillé essaie de faire la paix avec lui-même et il tente de se défaire du souvenir du suicide. Cette tentative qui lui prend beaucoup d'énergie, le laisse vulnérable à la dépression. La recherche d'un sens au suicide et la révision de la relation antérieure avec le suicidé semblent conduire l'endeuillé à se redéfinir en tant que personne[3].

Cette redéfinition de soi, d'après Achte (1977), s'effectue par des manifestations ouvertes de culpabilité souvent irrationnelles, des autoreproches ainsi qu'une baisse dans l'estime de soi. Cette phase de désespoir prend le sens d'une crise existentielle profonde et s'effectue à travers une remise en question de soi et de la vie, en général.

Cette phase est cruciale, car l'intensité des émotions vécues et la désorganisation de la personnalité rendent l'endeuillé vulnérable à l'option du suicide comme solution à sa dépression[4].

Il n'est pas rare, chez les personnes d'âge mûr de se laisser mourir à la suite de la mort du conjoint ou d'une perte par le suicide. Le suicidé ayant brisé la barrière de l'impossible, l'endeuillé sait désormais que le suicide est une ouverture possible pour fuir ou pour régler un problème.

Selon Fliegel (1977), le geste suicidaire, dans les cas où l'endeuillé succombe au suicide, peut prendre le sens d'une expiation de la culpabilité par retour sur soi de l'agressivité, ou d'une identification au défunt, ou encore d'un désir de le rejoindre[5].

Lindemann (1953) affirme que le suicide cause un profond traumatisme à l'endeuillé et affecte son image de soi. Il peut aussi laisser des séquelles psychologiques importantes dans la mesure où le suicidé occupait une place importante dans la vie de l'endeuillé. Dans le processus de deuil normal, la phase de désespoir après la perte de la personne aimée est une phase transitoire, tandis que dans la résolution du deuil dans le cas d'un suicide, elle se fait au prix d'une profonde révision de la relation avec le suicidé, puis une redéfinition de soi dans ses rapports avec les autres et avec l'environnement social[6].

Après avoir retrouvé une certaine paix intérieure, l'endeuillé réorganise sa vie. Cette étape se veut être la coupure définitive avec l'objet perdu et la reprise de l'intérêt pour le monde extérieur.

D'après Bowlby (1980), cette étape dans le cas de deuil après un suicide, est particulièrement difficile à atteindre, car l'endeuillé reste méfiant à investir dans de nouvelles relations et il cherche à se protéger d'une autre perte. Il reste souvent prisonnier de sa douleur qu'il ne peut exprimer en raison de l'absence de support moral des parents et amis à cause du tabou social qu'entraîne la mort par le suicide. Il aurait pu bénéficier de ce support si la mort avait été naturelle. Si l'endeuillé se retrouve dépourvu d'aide émotionnelle, il doit alors trouver seul la façon de régler son deuil[7].

Selon Bacchler (1975), le processus de détachement de l'objet d'amour qu'il doit vivre le forcera à s'analyser en profondeur, à réviser sa vie et à se redéfinir. Le sens de cette mort volontaire le troublera davantage surtout si la relation avec le suicidé était ambivalente.

Le suicide donne l'impression à l'endeuillé d'avoir été abandonné et non désiré, d'être inutile et sans valeur, démuni, impuissant à résoudre l'énigme du suicide. Ces sentiments sont intensifs quand une note accusatrice évoque les motifs du suicide. Le suicidé a eu le dernier mot dans la mort et aucune forme d'explication n'est plus possible[8].

Une jeune épouse nous livre ce qu'elle ressent après le suicide de son mari.

«Je suis coupable du meurtre de mon mari
par mes exigences d'intimité
par mes trop grands besoins affectifs
par mon intransigeance et mon
manque de compréhension vis-à-vis ses besoins personnels.

Je suis coupable de l'avoir trop aimé.

Je suis coupable de l'avoir mal aimé.
Je suis coupable d'avoir vécu à ses côtés et
d'avoir essayé pendant quatorze ans d'être heureuse.

Je suis coupable d'avoir essayé de
faire de lui un père, de l'avoir laissé
avec des enfants pour lui permettre
de développer une relation intime
avec mes enfants.
Je suis coupable d'avoir voulu un père.

Je suis coupable de l'avoir cru et de
l'avoir voulu fort et autonome.
Je suis coupable d'avoir souhaité
qu'il ait besoin de moi sur le plan affectif.
Je suis coupable d'avoir voulu autre
chose qu'une association économique et matérielle.

Je suis coupable de ne pas l'avoir
accepté tel qu'il était, de l'avoir voulu autrement.
Je suis coupable de tant et tant d'erreurs.
Je suis coupable de vivre.

J'ai peur d'aimer à nouveau et de me laisser aimer.
J'ai peur d'être aimée et de ne pas
pouvoir être capable de retour.
J'ai peur de me sentir coupable
si ça ne marche pas.
J'ai peur de porter toute la responsabilité de l'échec.

Je veux pourtant reprendre ma vie,
reprendre ma liberté.
Je veux aussi réussir et trouver la
vie belle, douce et agréable.
Je veux vivre malgré tout et au
bout du tunnel, voir rejaillir la
lumière, la chaleur, l'eau et la vie.

Vivre malgré ta mort R.
Vivre malgré toute la réprobation tacite de ta famille.
Je veux me dégager de toi et des tiens.»

S.N.

Une amie très chère qui a perdu un fils dans la mort par le suicide a bien voulu nous livrer son témoignage.

«On vit avec cette menace suspendue au-dessus de la tête... suspendue au-dessus du cœur et qui gâte toutes les joies, et qui nous cache la lumière, et un jour, elle n'est plus cette menace à laquelle on ne croit jamais tout à fait mais l'affreuse réalité... 'il' a posé le geste, il n'est plus avec nous. On tombe dans un grand espace noir, sans air, il nous semble que nous ne sortirons jamais. Et puis... on a tout le temps froid — du froid de l'enfant parti. C'est comme si son corps et le nôtre se confondaient. Mais dans le sens contraire du temps où on le portait au chaud, tout à fait confondu à soi... Toute nourriture a le goût de larmes parce qu'elles coulent sans cesse. Et toujours et toujours cette question à laquelle il n'y a pas de réponse — ou bien mille réponses qui n'en font jamais une!

On voudrait le rejoindre, l'accompagner, lui dire tout ce qu'on n'a pas dit encore et qui pèse sur le cœur comme une montagne. Tout ce qui ne sera jamais dit, maintenant qu'il n'est plus là pour l'entendre.

Un monologue sans fin. Tout le monde, nos proches, nos amis deviennent des étrangers, car l'enfant a pris toute la place,... toutes les places.

C'est un deuil qui n'en finira jamais car on le porte dans sa chair même. Une amputation... oui c'est cela le terme juste. On ne veut même pas être consolé: la douleur nous tient lieu de tout autre sentiment. Dieu seul nous accompagne dans cette douleur: 'Du fond de l'abîme, je crie vers Toi Seigneur, entend mon appel!' Et un jour... le Seigneur l'entend et y répond.

Et, ce qu'Il nous communique est doux à entendre. Doucement comme une bête blessée qui a peur de sortir du noir de sa caverne, on s'avance... on écoute... 'Laisse-le aller: l'enfant est avec moi dans la béatitude, il a trouvé ce qu'il cherchait!' Voilà ce qu'on entend si l'on tend l'oreille... l'enfant est dans la Béatitude, celle qu'il cherchait en vain sur terre. Un matin, on se lève en se demandant comment reprendre la vie... par quel bout? par quel geste?

Un matin, je me suis dit: 'Je vais faire un gâteau pour mon mari et je me suis levée et j'ai préparé la farine, les œufs, j'ai accompli tous les gestes ordinaires d'une femme qui fait un gâteau pour un homme qu'elle aime et qu'elle avait abandonné pour être tout à sa douleur.

Et en faisant ces gestes simples, je laissais doucement rentrer l'amour... il revenait de loin. Je lui souhaitais la bienvenue, j'ouvrais mon cœur fermé, si serré depuis des semaines. Je laissais la lumière me pénétrer, je n'offrais plus de résistance et la vie accueillait la vie. J'avais cessé d'être la mère d'un seul... celui qui n'était plus à côté de moi, et j'étais redevenue la mère de mes autres enfants et la femme de mon mari, et la fille du Seigneur de la Vie qui me veut 'vivante'.»

M.G.

Références

1. Dr Alexander Lowen, « *La dépression nerveuse et le corps* », Éd. Tchou, 1975, pp. 85-86.
2. B.L. Danto, Family Survivors of Suicide, in B.L. Danto, A.H. Kitscher (Eds) *Suicide and Bereavement,* New York, Arno Press, 1977, pp. 11-20.
3. E.S. Shneidman, The Gifted, in L.D. Hankoff, B. Einsidler (Eds): *Suicide Theory and Clinical Aspects,* Littleto P.S.G. Publishing Co., 1979, pp. 309-322.
4. K.A. Achte, Perspectives on Death or Suicide, in B.L. Danto, A.H. Kitscher (Eds), *Suicide and Bereavement,* New York, Arno-Press, 1977, pp. 73-89.
5. M.L. Fliegel, Bereavement as a Cause of Suicide, in B.L. Danto, A.H. Kitscher (Eds), *Suicide and Bereavement,* New York: Arno Press, 1977, pp. 32-38.
6. E. Lindemann, I.M. Greer, A Study of Grief: Emotional Responsability to Suicide. *Pastoral Psychology, 4,* pp. 9-13, 1953.
7. J. Bowlby, Attachment and Loss, volume III, *Sadness and Depression,* New York: Basic Books, 1980.
8. J. Bacchler, *Les suicides,* France, Éd. Calmann, 1975.

CHAPITRE NEUVIÈME
LE VÉCU DU DEUIL

A) L'EXPÉRIENCE DU DEUIL CHEZ UNE PERSONNE D'ÂGE MÚR

B) LES CONSÉQUENCES DU DEUIL DANS LE MILIEU FAMILIAL

C) L'ACCOMPAGNEMENT DANS LE SUIVI DE DEUIL

Tu m'as corrigé par la souffrance
et j'ai compris que c'était juste
comme une bête de race accepte
le dressage.

Fais-moi revenir,
que je sois en chemin
vers Toi, Seigneur.

Jérémie 31, 18

A) L'EXPÉRIENCE DU DEUIL CHEZ UNE PERSONNE D'ÂGE MÛR

Géraldine qui est âgée de quatre-vingts ans se prépare à la perte de son époux et traverse différentes phases de deuil :

1) la phase critique
2) la phase cruciale
3) la phase créatrice

1) *Phase critique (choc — négation)*

Cette phase de deuil correspond à une crise. La personne peut passer par toute une gamme d'émotions. Géraldine n'a pas vécu cet état de surprise, car elle y était préparée déjà depuis un an.

Avant la séparation définitive, son mari Antoine avait été hospitalisé à deux reprises pour des périodes assez longues. Cependant, elle se refusait tout de même à croire qu'il se détériorait progressivement et qu'un jour il ne pourrait plus revenir à la maison. Elle ne voulait pas voir la réalité en face, à savoir que physiquement elle ne pouvait plus s'en occuper toute seule et qu'il devrait prolonger son hospitalisation.

Elle pleurait souvent en cachette ne voulant pas démontrer ses émotions. La femme forte depuis toujours ne pouvait se le permettre. Elle a vécu beaucoup d'angoisse durant cette période, car elle était seule et était incapable de communiquer. Aussitôt qu'un aidant voulait la centrer sur elle et la faire parler d'elle,

elle détournait la conversation. Heureusement, ses enfants étaient proches d'elle et pouvaient l'entourer et lui témoigner leur affection.

2) *Phase cruciale (désorganisation)*

Durant cette phase, c'est la brisure avec les liens affectifs du passé et l'élimination de tout espoir qui soit rattaché à la personne disparue. L'expérience est douloureuse, la personne se sent coupée des autres. Le sentiment de culpabilité se mêle à d'autres émotions engendrées par la perte subie.

Une séparation qui survient après quelques années de mariage est plus susceptible d'amener la désorganisation de la vie sociale et émotionnelle de la personne.

Géraldine a vécu de la culpabilité, de la colère; sa colère était tournée vers le médecin qui ne pouvait contrôler certains symptômes, contre l'infirmière qui ne répondait pas assez vite, contre le personnel, en général, qui ne prenait pas soin de son mari comme elle le souhaitait. Elle voulait le ramener à la maison, mais elle n'avait plus la force de le soigner adéquatement. Son ambivalence la fait souffrir et elle vit la perte progressive de son mari comme si on lui avait enlevé une partie d'elle-même. Mais elle a l'aide de ses enfants pour traverser cette dure étape. Tout le monde autour d'elle fait un effort pour l'écouter et lui permettre d'exprimer le plus possible ses sentiments.

3) *Phase créatrice (réorganisation, réinsertion)*

Cette troisième phase du deuil permet à la personne affligée de se créer de nouveaux modes de vie qui émotionnellement ne sont pas liés au passé.

Géraldine a dû vendre sa maison, ses meubles et faire le partage de ses biens avec ses enfants et petits-enfants. Accepter de vivre seule, sans son mari, dans un petit logement. Cette réorganisation a liquidé bien des craintes et lui a permis plus de disponibilité pour accepter les invitations de ses enfants. Elle se permet de voyager. Il est plus facile de quitter son logement pour quelques jours. Elle vit autrement.

Dans certains ménages âgés, quand l'un meurt, on voit l'autre s'engager peu à peu dans une attitude d'existence qui est en somme une attente. Géraldine revit au présent et a trouvé sa joie, sa confiance et son émerveillement devant ses petits-enfants.

«Partir ne signifie pas ne plus être; cela signifie simplement ne plus être accessible» (Marc Oraison).

Mais il faut admettre que la séparation est une opération difficile qui tranche avec le glaive et peut tuer la personne. Il est important de donner un sens à cette séparation et de la convertir en séparation constructive et non nous laisser détruire par elle.

Géraldine a su, selon Lindemann, se sortir de son deuil, étape par étape, en se libérant peu à peu de cette dépendance à son époux, en vivant une vie indépendante.

Elle est arrivée à vivre de façon positive avec ses souvenirs, ses épreuves, ses joies et ses peines. Elle a su, à travers son changement, développer une attitude de confiance qui est devenue pour elle, une occasion de croissance.

B) LE COMPORTEMENT D'ATTACHEMENT VERSUS L'EXPÉRIENCE DU DÉTACHEMENT

À travers l'histoire, plusieurs grands maîtres ont affirmé que sans cette expérience de souffrance qu'apporte le détachement il n'y a pas d'éveil; sans l'expérience de la mort, il n'y a pas de renaissance.

L'acceptation du détachement permet à la vraie vie de couler en nous. La peur de perdre des objets d'amour ou des personnes que nous aimons empêche une vision réelle des choses et nous jette souvent dans l'insécurité. Nous sommes paralysés par nos peurs et elles nous empêchent d'accéder à cette lucidité d'esprit et à cette sagesse qui pourraient nous libérer.

L'attachement est fondamental dans la vie de toute personne, c'est un processus qui s'épanouit lentement de la naissance à la mort. Ce ressenti d'attachement fait référence à nos racines, à notre histoire personnelle. C'est un besoin qui existe en chacun de nous mais à des degrés différents. Cette intensité des liens qui nous unissent à la personne aimée ou à l'objet d'amour a une influence certaine sur le processus de deuil. Ce ressenti d'attachement peut être gratifiant, apporter un sentiment de bien-être, de croissance personnelle, mais il peut aussi être autodestructeur dépendamment des individus et des situations.

Il y a un attachement qui est très enraciné en chacun de nous, parce qu'il fait partie intégrante de notre «moi», c'est l'attachement à l'image de soi. Quand cette image est attaquée, la personne le vit comme une attaque à son intégrité et la souffrance morale qu'elle provoque est pénible à porter. Mais il y a des erreurs dans la vie qui nous apprennent plus sur nous-mêmes et sur les autres que toute autre perte.

Plusieurs personnes qui ont vécu cette attaque à l'intégrité n'ont pu tenir le coup et se sont suicidées. Cette personne qui avait tout misé sur son «standing social» et qui perd sa fonction et son argent vit une destruction qui peut l'amener à sa propre destruction. D'autres individus qui ont vécu ce genre de perte s'en sont tirés après une longue dépression et une grande difficulté à retrouver goût à la vie: l'événement les a atteints dans un moment de grande vulnérabilité. D'autres personnes qui n'étaient pas à leur premier coup du destin ont pu réagir positivement et cette expérience pénible est devenue une occasion de croissance. Ils ont vécu la souffrance que procure une opération à froid comme une blessure qui se cicatrise lentement et, après avoir pris du recul avec l'événement, ils en sont sortis plus forts et purifiés. L'or ne se purifie-t-il pas par le feu? La perte, quel que soit le détachement qu'elle exige, peut se transformer en cadeau si nous savons l'utiliser.

De toutes les pertes qui surgissent dans notre vie, «l'atteinte à l'intégrité» est peut-être l'une des pertes qui fait le plus mal pour celui qui la vit en raison de cette atteinte à «l'image de soi». Chaque personne a besoin d'aimer et d'être aimée et elle a toute raison de craindre l'isolement dans lequel peut la plonger cette atteinte à son intégrité.

Ces personnes qui ont à vivre de longs procès qui n'en finissent plus et où les erreurs qu'ils ont faites sont étalées au grand jour, ont besoin d'un courage à toute épreuve pour garder la sérénité à travers toutes ces dédales par lesquelles on les fait passer, sous le couvert de la justice.

L'erreur n'est pas pardonnée dans notre société et la victime doit en payer le prix. Si nous devons payer nos erreurs d'une manière ou d'une autre ne serait-il pas indiqué, si nous voulons que cette expérience nous serve, d'adopter l'attitude du *non-attachement*?

Convertir les forces négatives en forces positives est le secret pour faire face à nos pertes et permettre qu'elles nous profitent vraiment. Chaque perte que nous vivons nous fait expérimenter notre fragilité d'être. Nous avons à accepter qu'une partie de nous-mêmes se détruise, pour une reconstruction.

La vie est un champ d'expérimentation qui nous amène à vivre certaines initiations. Quelles que soient nos erreurs, ce qui importe c'est de les reconnaître et de s'en servir pour grandir et avancer sur la voie du détachement. Entretenir de la culpabilité serait très malsain et ne nous avancerait en rien.

La voie du non-attachement n'est pas une voie de facilité, mais elle nous dicte les moyens à prendre pour développer notre capacité d'affronter la réalité.

L'attachement nous retient, nous empêche d'avancer, alors que le détachement nous aide à briser nos amarres et à prendre notre envol. Les événements difficiles à vivre nous aident à prendre conscience de l'importance de cultiver l'amour qui est fait de compréhension et de pardon. Pardonner à celui qui nous frappe n'est pas facile mais c'est le seul chemin à prendre si nous sommes dans cette quête spirituelle où le «plus être» l'emporte sur «l'avoir plus».

La conscience spirituelle nous aide à donner un sens à ce que nous vivons. Elle nous amène à dépasser nos limites non pas pour nous jeter dans un «burn out», mais pour nous mettre sur la voie du non-attachement, pour développer notre capacité à «laisser aller», «laisser partir». «En vérité, je vous le dis, si le grain de blé ne tombe en terre et ne meurt, il reste seul; s'il meurt, il porte beaucoup de fruit. Celui qui aime sa vie la perdra et celui qui hait sa vie dans ce monde la conservera pour la vie éternelle» (Jn 12, 24-25).

Le verbe aimer utilisé par Jean veut signifier «être attaché à», «posséder». Quant au verbe haïr, il ne veut pas dire détester mais il a le sens d'éprouver un sentiment d'éloignement envers quelqu'un ou quelque chose, ce qui est le contraire de l'attachement et de l'esprit de possession.

Dans toutes nos expériences, si difficiles soient-elles, gardons toujours l'espoir et souvenons-nous toujours que la lumière est au bout du tunnel.

MON GRAND-PÈRE

C'est avec une grande sagesse,
qu'il passait sa vieillesse.
Il vivait en campagne,
ayant la nature comme seule compagne.
Dès son jeune âge,
il aimait les paysages.
Grand-Père était paysan,
ce qui lui permit d'être un vétéran.
Ce matin-là, il eut rendez-vous avec une femme.
Son cœur fut en flamme.
Il me pria de ne pas rester.
Désirant être seul pour recevoir son invitée.
Il s'installa sur son balcon,
scrutant l'horizon.
Puis, il poussa un soupir
ce qui le fit sourire.
Il ferma les yeux,
tout en étant heureux.
Sa convive était arrivée.
Ce fut la mort, sa destinée.

BRAVO R.

Références

Lily Pincus, *Death and the Family,* First Vintage, Books Edition, New York, 1976.

C.M. Parkes, Grief and Bereavement Following the Death of a Spouse, *Canadian Psychiatric Association Journal,* vol. 21, pp. 25-44, 1976.

J. Sarano, *La séparation, les départs et les ruptures dans la vie,* Paris, Centurion, 1978.

CHAPITRE DIXIÈME
QUELQUES THÉRAPIES DE DEUIL

A) LA THÉRAPIE BIO-ÉNERGÉTIQUE

B) LES MÉTHODES DU PSYCHODRAME

C) LE RÊVE ÉVEILLÉ DIRIGÉ

D) LE RITUEL DE L'HÉRITAGE

E) LA RELATION D'ENTRAIDE

F) LA GUÉRISON INTÉRIEURE

A) LA THÉRAPIE BIO-ÉNERGÉTIQUE

Le but de cette thérapie prônée par Lowen (1975) est d'aider la personne à surmonter les effets de la perte ou du deuil en permettant au corps de retrouver ses qualités naturelles, originelles: beauté, aisance, liberté.

Au cours de ce processus thérapeutique, la personne va revivre les frustrations, les souffrances de son enfance et de sa jeunesse. Elle va réagir comme il faut s'y attendre: par la fureur, l'indignation, le chagrin. Elle va s'insurger avec véhémence contre les injustices dont elle a été victime. Mais elle va aussi y puiser le courage nécessaire pour faire table rase dans la nouvelle existence qui commence pour elle, prête à affronter sans crainte les souffrances qui peuvent encore se trouver sur la route au cours de son évolution, au cours de ce long travail que nous avons à accomplir si nous voulons nous ouvrir à l'amour.

La force vitale d'un homme ou d'une femme, selon Lowen, est à la mesure de son courage. Tant que le corps du sujet reste bloqué, figé dans la douleur de sa perte, sa respiration est faible, sa mobilité diminuée, sa force vitale réduite.

Le deuil, c'est le processus normal et naturel pour surmonter le choc et se libérer. C'est là le but même de la tâche thérapeutique: «Fournir à la personne la compréhension et les moyens d'accomplir elle-même sa libération[1].»

B) LES MÉTHODES DU PSYCHODRAME

Selon Schutz (1974), la méthode du psychodrame fait aussi appel au corps: la personne exprime la situation en la mettant en scène par des gestes plutôt qu'en la décrivant par des mots.

Les techniques du psychodrame, développées par Moreno et ses collaborateurs au cours des dernières décennies, présentent une grande diversité de méthodes qui peuvent être annexées à la présente approche. Par exemple, la perte d'une personne chère au cours des premières années de la vie peut avoir un effet traumatisant chez l'enfant. Il peut en résulter plus tard de graves conséquences dans ses relations avec les autres. Cette technique sera donc utile.

Comment utilise-t-on cette technique

Le thérapeute fait appel à deux méthodes employées dans le psychodrame, *le double et le renversement des rôles*. Le thérapeute demande au protagoniste de choisir un membre dans un groupe de thérapie qui lui rappelle le ou la disparu(e). Ils joueront ensemble la scène de la rencontre. S'il s'agit d'un défunt, le protagoniste s'imagine allant au ciel pour le rencontrer.

La scène débute ainsi: le protagoniste commence par exprimer ses sentiments. Après quelques échanges, le thérapeute demande au protagoniste si celui qui est chargé de lui donner la réplique tient son rôle. Si cela ne va pas, les rôles sont inversés et le protagoniste joue le rôle de l'absent. Cette technique est employée à plusieurs reprises, car elle aide le protagoniste à ressentir ce que l'autre ressent. D'autres membres du groupe de thérapie sont invités à jouer le rôle d'alter égo, ce qui signifie qu'ils se tiennent derrière l'un des principaux acteurs et disent ce que d'après eux ils ressentent (mais sans le dire à voix haute). Le renversement des rôles conjugué à l'alter égo fait apparaître, en général, les éléments importants contenus dans la situation que le protagoniste peut alors explorer et ressentir dans toute leur dimension.

L'animateur met un point à la scène lorsque le protagoniste est arrivé à une solution réaliste, fondée sur l'ensemble des nouvelles données.

Cette technique se montre plus efficace lorsqu'elle se déroule sous la direction d'une personne compétente. Elle peut bouleverser le protagoniste et le laisser dans une certaine détresse, si elle est maniée par des mains peu expertes.

Schutz donne l'exemple suivant:

Deborah avait douze ans lorsque ses parents divorcèrent et que son père quitta la maison. Elle savait qu'il s'était remarié et avait d'autres enfants. Elle avait quatorze ans lorsque son père lui proposa de venir passer l'été avec lui, mais les circonstances firent que ce ne fut pas possible. À quarante ans, Deborah ne l'avait jamais revu, mais elle reconnaissait qu'elle était toujours plus ou moins à sa recherche. Elle éprouvait souvent beaucoup de difficultés avec son mari, surtout à cause de ce qu'elle n'arrivait pas à exprimer ses sentiments pour lui et à lui donner de l'affection. Au cours de la discussion, il apparût qu'elle n'avait sans doute pas pu se donner entièrement à son mari parce qu'elle n'avait jamais vraiment résolu le problème de ses sentiments envers son père.

La meilleure manière de trouver une solution à son problème conjugal semblait donc de commencer par la relation avec le père. On pria donc Deborah de choisir parmi le groupe celui qui lui rappelait le plus son père. Son choix fut instantané. On lui demanda de jouer la scène des éventuelles retrouvailles avec son père. Les autres membres du groupe pouvaient doubler à leur guise ou plutôt quand il leur semblait que Deborah ou son «père» ne disaient pas tout ce qu'ils ressentaient. Pour commencer, Deborah demanda à son père comment il s'appelait puis elle se présenta sous son nom de jeune fille. Ce faisant, elle se mit à pleurer. Pendant dix à quinze minutes, Deborah continua de pleurer et son «père» la tenait dans ses bras.

Évidemment, le groupe était très surpris, ému, les larmes aux yeux. Tout cela était d'autant plus surprenant que Deborah était restée jusque là très fermée au groupe, très distante. Enfin, le groupe ayant gardé le silence pendant tout ce temps, elle cessa de pleurer. Il était très important de poursuivre, même si Deborah était très fatiguée. On venait d'assister à une crise qui loin d'être un aboutissement allait permettre un travail plus approfondi. Elle continua la scène de la rencontre, elle confia ses sentiments à son «père».

Par la suite, son humeur se transforma radicalement. Elle parut beaucoup plus heureuse, plus expansive pendant tout le temps que dura l'atelier[2].

C) LE RÊVE ÉVEILLÉ DIRIGÉ

Les méthodes qui font appel au fantasme sont tout à fait indiquées dans certaines situations et chez des personnes qui ont des défenses trop fortes et où les méthodes verbales et non verbales seraient inefficaces.

La méthode du rêve éveillé dirigé est efficace parce qu'elle fait intervenir une partie de l'inconscient.

Comment se fait-elle?

Le participant doit d'abord se détendre, s'allonger par terre. Il est mené au fantasme par une image suggérée par l'animateur. Il ferme les yeux, guette les images qui lui viennent à l'esprit et les lui communique. Il ne doit pas essayer de s'imposer des images; après un moment, cela ne sera de toute façon plus possible. Il doit en revanche être attentif à celles qui se présentent. Le guide intervient de temps en temps pour faciliter l'expérience. Son rôle est d'amener le rêveur à faire face aux situations difficiles ou douloureuses, d'apporter son soutien devant les différents obstacles, d'aider à voir plus clairement les images ou à faire des liens. Le rêveur traverse souvent des émotions nombreuses et diverses dont la peur, l'exaltation, le rire, les pleurs, la tension, la dépression, la détente. Le guide met fin à la séance lorsque les sentiments éprouvés sont positifs et très paisibles.

L'aide d'un professionnel est nécessaire. Il faut avoir une certaine compétence pour savoir intervenir et connaître les situations qui peuvent se révéler inutilement éprouvantes[3].

Une personne qui vit une situation de deuil depuis plusieurs mois voire plusieurs années même et qui n'est pas arrivée à l'intégrer, peut avoir recours à ces techniques et se sentir libérée. Il s'agit toujours d'être à l'écoute de ses besoins et de savoir choisir ce qui nous convient le mieux.

D) LE RITUEL DE L'HÉRITAGE

Faire son héritage, après avoir vécu un deuil, présuppose que le survivant a accepté l'absence de l'être cher arraché par la mort.

Jean Monbourquette, thérapeute et professeur, utilise cette technique qui semble donner de très bons résultats.

En quoi consiste l'héritage?

Le thérapeute demande à la personne concernée de lui donner quatre qualités de la personne disparue et d'apporter un objet relié à chaque qualité énoncée.

La personne va chercher chez le disparu chaque qualité énoncée avec l'objet approprié. La personne a l'impression de récupérer tous ses morceaux.

Voici une expérience du «rituel de l'héritage» relatée par une personne qui l'a vécu quinze ans après la mort de son père.

«Pour récupérer l'héritage de mon père, j'ai placé sa photo devant moi, puis je me suis assise confortablement. J'ai contemplé mon père, j'ai ressenti profondément sa présence puis, j'ai écrit sur un papier les qualités qui me montaient à l'esprit et j'ai éprouvé les émotions rattachées à chacune d'elles. J'ai aussi écrit une circonstance où j'ai dû lui pardonner. J'ai écrit une dizaine de papiers, une qualité par papier. Tout à coup, le mot libération m'est apparu, mais je ressentais encore un certain malaise. je n'étais pas encore prête à l'accepter. J'ai continué à laisser venir les pensées et ce sont ses habitudes religieuses qui se sont déroulées devant moi puis, les souffrances de sa vie. En prenant ainsi conscience de l'ensemble de sa réalité, j'étais enfin prête à passer à l'étape de la libération. Et j'ai pu dire au fond de moi-même: tu as fait ta vie, j'ai aussi à faire la mienne. Sois libre entièrement! Et la coupure s'est faite totalement. J'ai brûlé tous mes papiers en ressentant une grande force intérieure: celle dont j'avais besoin pour continuer ma route.»

Faire son héritage suite à un deuil n'est pas un examen facile. Il exige du courage et la force de se confronter à ses limites et l'humilité de reconnaître ses qualités.

L'héritage qu'une personne se donne suite au deuil d'une personne aimée ne peut être que le fruit de ce qu'elle a semé tout au long de sa relation.

E) LA RELATION D'ENTRAIDE

La relation d'entraide présentée par Jean Bédard (1986) est une sorte de laboratoire, utile pour clarifier et exprimer des émotions, des idées. L'objectif premier de la relation d'entraide est de «grandir en faisant grandir».

C'est une démarche de réciprocité où il n'y a pas de dominé à dominant, mais bien collaboration et coopération.

La personne qui est rejointe dans cette relation découvre ses talents, ses aptitudes, ses habiletés, son potentiel et elle est arrachée au sentiment de solitude.

C'est une relation personnalisée qui laisse place à la nouveauté et au changement. Elle se définit plus précisément comme «une relation humaine où des personnes s'impliquent et agissent comme des êtres humains également dignes de respect et chacun fondamentalement responsable de lui-même en vue d'atteindre leurs buts sans qu'aucun ne soit investi d'une autorité ou d'une ascendance lui venant d'un appareil institutionnel ou organisationnel[4]».

L'entraide engage une partie substantielle de l'intimité sans toutefois impliquer toute l'intimité.

Comment cette relation peut-elle s'appliquer dans une thérapie de deuil?

France qui vient de vivre la mort de son mari par le suicide est en état de choc. Pour l'aider à traverser cette étape critique, son réseau d'amis, trois couples, se sont entendus pour lui apporter leur support. Ils se relèguent donc pour la recevoir chez eux ou aller la visiter, la sortir et faire de l'écoute active pour lui permettre de verbaliser à volonté tout ce qu'elle a accumulé d'émotions.

Ces amis sont vraiment entrés dans une relation d'entraide telle que décrite par Jean Bédard. Ces amis sont disponibles quand France a besoin d'eux et ces amis ont aussi besoin d'elle, car en révélant sa souffrance, France leur révèle aussi des parties d'eux-mêmes qui jusque-là ont peut-être été inconscientes. Elle provoque aussi toute une dynamique autour de ces trois couples qui se sentent valorisés dans cet échange. Ils sont utiles à quelqu'un d'important.

L'acte de «donner» et de «recevoir» circule bien.

Quelquefois, des personnes qui sont passées par les mêmes expériences de pertes et qui ont été capables de les intégrer seront des bons candidats à cette relation d'entraide. Ils seront empathiques et sauront percevoir les besoins de l'autre et y répondre de façon positive.

F) LA GUÉRISON INTÉRIEURE

La «guérison» est le processus par lequel ce qui est blessé ou malade redevient pleinement sain. La guérison n'a une signification qu'en relation directe avec une situation négative ou un choc spécifique.

Le professeur Morton Kelsey de l'Université de Notre-Dame aux États-Unis s'est livré à une recherche approfondie sur la place de la guérison dans le christianisme dans son livre «Healing and Christianity». Il fait prendre conscience du grand pouvoir de guérison que nous avons tous à l'intérieur de nous-mêmes.

Qu'est-ce que la guérison intérieure?

La guérison intérieure, selon Michael Scanlan (1975), est la guérison de l'homme intérieur. Par «homme intérieur» nous entendons les domaines: intellectuel, affectif, ceux de la volonté que l'on appelle généralement la raison; le cœur, les émotions, le psychisme, l'âme et l'esprit.

L'auteur affirme qu'on trouve clairement exprimé ce qu'est la guérison intérieure dans le ministère de Jésus[5].

De nombreux passages de l'Évangile indiquent que les esprits mauvais étaient manifestement «chassés» par Jésus: Mt 8, 16; Mc 9, 17; Lc 9, 40.

«Carl Jung a souligné maintes et maintes fois que ce n'était pas lui en tant que psychiatre qui réalisait la guérison d'une personne malade; sa tâche consistait plutôt à amener l'individu à une source de guérison qu'il trouvait à l'intérieur de la psyché, mais qui semblait venir de l'extérieur de celle-ci, comme une source qui jaillit en bouillonnant à l'intérieur d'une petite mare[6].»

Le Seigneur Jésus donna à ses disciples la mission de «guérir».

«Guérir les malades», «imposer les mains» aux malades. Mt 10, 7-8; Mc 16, 17-18.

Quelle est l'efficacité de la prière dans la thérapie de deuil?

La prière adressée à Dieu pour obtenir quelque bienfait, pour guérir une blessure causée par la perte d'un être cher ou un besoin de réconciliation est des plus efficace et des plus rapide.

«Quelqu'un parmi vous est-il dans l'épreuve, qu'il prie» (Jc 5, 13).

Nous décidons de recevoir le don du Seigneur et de faire ce qui est nécessaire pour le conserver.

Quand nous vivons des angoisses, ne recherchons-nous pas la paix et la sérénité?

Si nous demandons au Christ cette paix qui produit les fruits de l'Esprit «Amour, joie, paix, patience, bonté, bienveillance, foi, douceur, maîtrise de soi» (Ga 5, 22) peut-Il nous la refuser?

Lorsque je suis faible, c'est alors que je suis fort» (2 Co 12, 10)

En reconnaissant notre faiblesse nous pouvons bannir tout effort pour nous appuyer sur nous-mêmes et nous tourner vers la véritable force qui vient du Seigneur.

Combien de personnes qui vivent de longues années d'angoisse suite à une perte se verraient libérées si elles croyaient vraiment en la force de la prière!

Ce qui fait obstacle à la guérison dans la vie des personnes, c'est l'absence de décision pour cette guérison.

Paul Tillich (1955) nous donne une analyse pénétrante de ceux qui se cramponnent à leur douleur, il nous indique la façon dont ils peuvent être guéris par la vraie foi.

«La foi ne signifie pas ici, bien sûr, la croyance dans des assertions pour lesquelles il n'y a aucune évidence. Elle n'a jamais signifié cela en religion authentique et il ne faudrait jamais en abuser dans ce sens. Mais la foi signifie que l'on est saisi par une puissance qui est plus grande que nous, une puissance qui nous secoue, nous retourne, nous transforme et nous guérit. L'abandon à cette puissance, c'est la foi. Ceux que Jésus a pu guérir, et peut guérir, sont ceux qui ont réalisé et qui réalisent cet abandon d'eux-mêmes à la puissance de guérison qui est en lui. Ils lui ont livré leur personne, dégoûtés et désespérés d'eux-mêmes, remplis de haine envers eux-mêmes, et par voie de conséquence hostiles à l'égard de tous les autres, pleins de crainte devant la vie, chargés de sentiments de culpabilité, s'accusant et s'excusant eux-mêmes, fuyant les autres pour trouver la solitude, se fuyant eux-mêmes en allant vers les autres, cherchant finalement à échapper aux menaces de l'existence en se réfugiant dans la sécurité douloureuse et décevante de la maladie mentale et physique. En tant que tels, ils se sont livrés à Jésus, et cette reddition, c'est ce que nous appelons la foi[7].»

Plusieurs personnes qui ont vécu cette guérison intérieure pourraient donner leur témoignage.

Références

1. Alexander Lowen, *La dépression nerveuse et le corps,* Éd. Tchou, pp. 116-147, 1975.
2. William C. Schutz, *Joie, l'épanouissement des relations humaines,* Éd. Épi, pp. 63-65, 1974.
3. Idem, p. 70.
4. Jean Bédard, *La relation d'entraide,* Éd. De Mortagne, Montréal, 1986.
5. Michael Scanlan, *La guérison intérieure,* Éd. Pneumatèque, p. 10, 1975.
6. Kelsey Morton, *Healing and Christianity,* p. 299.
7. Paul Tillich, *The New Being,* Éd. Chachs Scribner's and Sons, New York, pp. 38-39, 1955.

TROISIÈME PARTIE

L'INTÉGRATION DU DEUIL

CHAPITRE ONZIÈME

LA PERTE QUI REDONNE UN SENS À LA VIE

A) LES RÉACTIONS FACE À LA PERTE

B) LES ATTITUDES FACE À LA PERTE

C) TRANSFORMER UNE EXPÉRIENCE DE PERTE EN EXPÉRIENCE DE CROISSANCE

D) L'INTÉGRATION DE LA PERTE

« Au fond de lui-même, l'homme cherche un sens à sa vie et s'efforce de s'accomplir selon ce sens. »

Viktor Frankl

A) LES RÉACTIONS FACE À LA PERTE

Nous avons tous à affronter un certain nombre de pertes dans le cours d'une vie. Les pertes pourront être plus nombreuses si la vie est plus longue.

Peut-être faudrait-il distinguer *la réaction à la perte* et *la réaction de perte*?

La réaction à la perte consiste en un ajustement, une reprise de l'équilibre, une réadaptation qui sont sources de progrès tandis que *la réaction de perte* peut devenir une sorte de vertige, une idée fixe. Le suicide ne serait-il pas une forme de cette réaction de perte qui n'aboutit pas seulement à la négation de l'action, mais à son inversion.

Si les pertes se multiplient, si l'individu, pour quelques raisons que ce soit, est incapable de faire face à la situation, la réaction à la perte peut se transformer en réaction de perte.

L'incapacité d'affronter l'adversité peut conduire à une désintégration de la personne. Cette désintégration peut devenir positive.

Dabrowski (1972) étudie les facteurs qui causent le déséquilibre dans la nature et les fonctions mentales de l'individu et il conçoit la santé mentale comme la capacité de se développer positivement grâce au processus de la désintégration positive.

La théorie de la désintégration positive repose sur l'hypothèse qu'il existe des différences empiriques faciles à vérifier entre les différents niveaux de toutes les fonctions mentales, différences qui sont comparables aux différents niveaux d'intelligence que l'on mesure au moyen de tests objectifs qui servent à déterminer ce qu'on appelle «quotient intellectuel».

Le développement mental consiste à passer des rangs inférieurs de l'échelle, aux rangs supérieurs. Si nous prenons comme exemple la croissance émotionnelle de l'enfant qui, d'abord a des réactions égocentriques, privé qu'il est de la capacité de reconnaître, de comprendre ou d'apprécier les sentiments des autres, leurs inquiétudes ou leurs désirs.

La croissance de la compréhension est donc la première proposition de la théorie de la désintégration positive; la seconde est *le développement mental,* ce processus de transition d'un niveau de vie mentale à des niveaux supérieurs ne se fait pas sans efforts et sans peines. Il faut passer par bien des tensions, des luttes intérieures, l'anxiété et même le désespoir avant que ne soient franchis avec succès et jusqu'au dernier les divers échelons du processus[1].

Plusieurs personnes considèrent la perte en terme d'échec.

Qu'est-ce que l'échec?

Lacroix (1965) nous donne comme définition de l'échec: «L'incapacité de communiquer avec les autres, d'avoir à leur égard une attitude de réciprocité.» La personnalité s'oppose à elle-même et devient double pour soi en cessant d'être une avec autrui.

Le dédoublement est l'expression même de l'échec de la communion. Nous ne pouvons être nous-mêmes qu'en nous unissant à autrui si nous ne réussissons pas à être un avec l'autre, nous serons deux avec nous-mêmes (une attitude paranoïaque[2]).

L'échec correspond à une véritable structure du moi. Il y a au fond de moi-même quelque chose qui ne dépend pas de moi, qui échappe à mon pouvoir.

Nous portons en chacun de nous la double possibilité de l'inhumain et du surhumain. Cette insécurité se manifeste sur les trois plans successifs et hiérarchisés de l'existence vitale, de la recherche intellectuelle et de la vie spirituelle. Le plan inférieur est l'image et le symbole du drame total qui ne prend tout son sens que sur le plan supérieur.

Nous sommes appelés à donner un sens à notre histoire, mais nous nous exposons toujours à l'absurde et au non-sens. C'est notre existence spirituelle que nous risquons dans le combat de la vie.

Toutes ces formes multiples et indéfinies de l'échec causé par nos pertes pourraient être symbolisées dans ce qu'on appelle «l'expérience de la nuit». La nuit n'est pas seulement une sorte d'épreuve à laquelle l'apparition du jour mettra nécessairement fin. La nuit mystique est pénétrée d'espérance: elle est préparation à un accueil et à une présence dont la négation des sens et de l'intelligence est déjà une sorte de manifestation. Mais pour certains, elle est définitive et ils poursuivent toute leur existence comme un voyage au bout de la nuit qui ne se termine pas au pressentiment d'une aurore, mais par le triomphe du vide et de l'obscur.

B) LES ATTITUDES FACE À LA PERTE

Lacroix (1965) nous présente six attitudes possibles:

1) *L'évasion*. La perte est vécue comme une fuite dans l'imaginaire. C'est l'isolement. La personne refuse l'affrontement. Le suicide peut être la limite extrême de l'évasion.

2) *Le découragement*. La personne se met à douter de soi puis elle sombre dans l'inquiétude et le désespoir.

La perte est ressentie comme une diminution d'être. L'individu découragé n'entreprend rien. Le temps semble arrêté. Il ne sait plus l'utiliser. Pour s'être trop identifié à l'objet de son vouloir, la personne se dissout lorsque cet objet est manquant.

3) *La reprise et le succès.* Pour celui qui a su éviter l'évasion et le découragement, il y a un ressaississement qui s'opère. Il implique nécessairement qu'on réajuste les moyens et la fin pour obtenir le résultat cherché. C'est par la victoire sur l'obstacle que nous prenons conscience de nous-mêmes et que nous nous créons davantage, que nous pouvons différencier l'accessoire de l'essentiel.

L'échec est révélateur d'une «exigence d'être». Elle peut conduire à la pleine réalisation de soi. C'est en ce sens que nous pouvons échouer dans les plus grands succès et réussir dans les pires échecs. Dépendamment de ce que nous en faisons.

L'espérance n'est-elle pas la véritable attitude
en face de la perte-échec?

L'espérance traverse le désespoir, elle est liée à l'idée de transfiguration. Espérer, c'est s'accepter découragé, c'est refuser le fatalisme et s'ouvrir à un avenir plus heureux.

L'espérance est empreinte d'humilité, elle nous ouvre au vrai. L'espérance n'a aucun sens pour l'orgueilleux, car il n'est présent qu'à lui-même. L'espérance est une disponibilité à l'avenir.

De quelle espérance s'agit-il?

L'espérance vient répondre au problème du sens total de l'existence humaine. Elle ne porte pas sur les résultats extérieurs, mais sur l'accomplissement de la personne.

Le Christianisme peut donner une réponse ultime à la perte-échec.

Quel est le sens religieux de la perte-échec?

Le sens religieux de la perte-échec, c'est l'expérience d'un lien entre l'effort et la grâce, la purification et l'obtention; l'appel et le don.

La religion privilégie, en quelque sorte, le moi d'appel et d'accueil. L'expérience chrétienne unit la perte-échec et l'amour. Nulle perte n'est irrémédiable tant qu'on s'aime et tant qu'on aime.

Le drame humain, c'est qu'il faut avoir bu le calice jusqu'à la lie, avoir souffert l'extrême de la déréliction et de la mort pour être vraiment capable d'aimer.

Pour le christianisme, le sens de l'échec est si profond que Dieu lui-même a dû l'assumer pour triompher de la mort, il n'a fallu rien de moins que la mort du Fils de Dieu.

«Le Christ est venu affranchir ceux qui, leur vie entière, étaient tenus en esclavage par la crainte de la mort» (He 2, 15).

C) TRANSFORMER UNE EXPÉRIENCE DE PERTE EN EXPÉRIENCE DE CROISSANCE

Lorsque la personne a découvert un sens à sa souffrance, elle prend alors ses distances par rapport à l'objet perdu. C'est alors qu'elle peut réorganiser sa vie et mobiliser son énergie pour un travail créateur.

«L'épreuve permet de connaître et de se connaître, l'épreuve, c'est le moment de la vie qui dit la vérité des êtres» (Martin Gray).

Selon Ferrari (1976), l'épreuve surgit pour nous apprendre à vivre, pour être plus sincères avec nous-mêmes, plus humains, plus sensibles et plus compatissants. Le travail de deuil est à la fois coupure, perte et distanciation. Chaque séparation qui s'établit est donc la mort de quelque chose et ouvre une possibilité nouvelle[3].

Trouver un sens à sa souffrance nous aide à grandir.

Cette force vitale qui nous énergise au milieu des plus grandes épreuves et qui nous porte à nous dépasser dans la perte-échec, c'est Dieu. Il nous aide à travers ce pèlerinage terrestre à développer une qualité d'être et à nous dépasser sans cesse.

Nous avons besoin d'apprivoiser la souffrance puisqu'elle fait partie intégrante de notre vie.

D) L'INTÉGRATION DE LA PERTE

Une perte inaugure une période de deuil et les réactions émotives méritent d'être prises en considération.

Plusieurs auteurs sont d'avis que l'intégration d'un deuil doit passer par les étapes suivantes:

1) Liquider ses émotions
2) Trouver un sens à sa souffrance
3) Se servir de cette expérience pour croître.

Permet-on aux gens dans notre monde de liquider leurs émotions?

On les encourage souvent à les supprimer ou à les refouler parce qu'il n'est pas convenable de les exprimer et que ça dérange l'entourage.

La personne qui vit un deuil est remplie de toutes sortes d'émotions: tristesse, agressivité, culpabilité, etc.

Pour accompagner cette personne, il est important:

— de laisser s'exprimer le chagrin;
— d'accorder un appui social et affectif, selon les besoins;
— de permettre de laisser s'échapper la colère réprimée à l'endroit du disparu ou de l'objet d'amour perdu;
— de mobiliser des amis pour venir en aide;
— d'inciter la personne en deuil à réévaluer sa situation actuelle;
— de l'aider à occuper son temps (susciter la créativité);
— d'être à l'écoute;
— d'aider la personne à faire face au chagrin.

Quelles sont les conséquences du refus d'accepter la perte?

La personne demeure alors dans un état prolongé et permanent de souffrance. Elle continue à manquer «l'objet de la perte». C'est comme si la personne avait perdu pour toujours une partie d'elle-même, une partie de sa vie.

Selon Brideau (1984), l'expérience de la perte dérange, de façon constante et prolongée, ses sentiments les plus profonds. Ainsi, la personne se voit dans un état constant de privation. Elle est envahie par un sentiment d'irréversibilité, de désespoir. La personne se soumet inconsciemment à un ravage affectif si elle persiste dans sa tristesse et dans sa frustration.

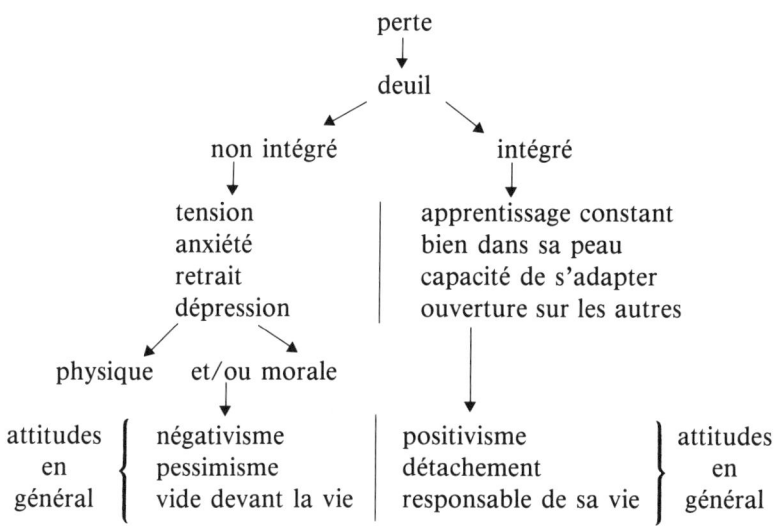

Le refus d'accepter la perte peut conduire la personne à un deuil pathologique. La perte devient souvent le facteur déclencheur de symptômes marqués de dépression[4].

La personne qui n'arrive pas à combattre le stress a différentes réactions d'inadaptation et devient la cible de maladies.

Le Dr Halpern (1983) explique cette difficulté à dire adieu, à l'incapacité de la personne à se débarrasser de ses liens de dépendance. La personne ayant subi une perte vit des symptômes de sevrage constants. Le facteur de dépendance prend la forme d'un besoin obsessif d'entrer en contact et d'y rester.

Pincus affirme que la personne dépendante est prise de panique suite à une perte et demeure dans une grande souffrance, elle demeure d'une façon prolongée avec un sentiment d'incomplétude, de vide, de désespoir, de désorientation dont on ne croit qu'on ne peut se remettre que par l'intermédiaire de quelque chose ou de quelqu'un extérieur à soi-même[5].

Pourtant, notre force est à l'intérieur. «Je peux tout en celui qui me fortifie», disait St-Paul.

Pour bien des gens, le deuil et notamment la perte d'un être cher, marque le début d'une plus grande maturité. «Il faut apprendre à intérioriser la personne disparue, durant le processus de deuil, jusqu'à ce qu'on se sente suffisamment distinct de l'autre pour accepter la réalité de la perte et y survivre[6].»

À mesure que le temps passe et que l'on s'habitue à regarder la réalité en face, le disparu devient une présence «tonifiante». On ne l'oublie jamais totalement et, de temps à autre, il y aura des haut et des bas, mais nous réussirons à le vivre de plus en plus positivement.

La perte est comparable à une blessure dont la guérison s'opère lentement. Il faut intérioriser la personne disparue et combler le vide intérieur des éléments qui enrichissent la personnalité. On peut ainsi mieux se réajuster à une nouvelle vie. Ce n'est qu'une fois ce travail terminé que le survivant retrouve une plus grande autonomie et qu'il peut se rappeler les souvenirs heureux et malheureux et les partager avec d'autres[7].

Selon Freud, il faut rompre toute attache affective avec le disparu si l'on veut s'adapter à la réalité et ne pas tomber dans l'hallucination. Dans la classe moyenne de la communauté juive d'où venait Freud, la personne en deuil ne souffrait pas d'isolement comme c'est le cas de nos jours dans notre société. La personne recevait beaucoup de support de son entourage. La mort était acceptée comme un fait de la vie.

Témoignage

Monique a perdu sa fille il y a quelques années dans un accident, elle a bien voulu se remémorer tous les détails de cette perte pour vous le donner en cadeau dans ce témoignage empreint d'authenticité et vous communiquer sa longue démarche d'intégration.

Elle a bien voulu nous situer sur ce qu'elle était avant l'événement pour nous apporter une meilleure compréhension de ses réactions au cours de cette perte qui a marqué sa vie.

«J'étais, je crois, une petite fille douce, studieuse et raisonnable, une petite fille bien élevée à qui on avait appris à contrôler ses émotions, à raisonner intelligemment, à se fier plus à sa tête qu'à ses impulsions.

Je dis petite fille parce que je me suis rendue compte combien je vivais encore dans le monde de mes parents malgré mon âge.

J'étais à vingt-huit ans professeur d'université, mariée et mère de deux enfants: David, trois ans et demi, et Anne-Isabelle, deux ans et demi. Deux enfants beaux, pleins de vie, et pour lesquels j'éprouvais une affection sans bornes. Mon mariage n'allait pas très bien mais je venais d'un milieu où l'on ne divorçait pas et j'attendais patiemment que les choses s'arrangent: je croyais encore que si l'on est suffisamment gentil et raisonnable, les choses finissent toujours par s'arranger. Un de mes professeurs de psychologie m'avait déjà dit: «Le jour où vous choisirez de répondre à vos besoins plutôt que de bien vous comporter et faire ce qu'on attend de vous, vous serez guérie!» Je n'avais rien compris à ce qu'elle me disait. Je croyais que l'univers était un lieu ordonné comme l'école où il suffisait de faire de son mieux. Je travaillais très fort pour assurer notre réussite matérielle. Je m'accordais peu de moments de repos ou de plaisir parce qu'«il faut être raisonnable et penser à l'avenir». La mort d'Anne-Isabelle allait me réveiller brutalement.

C'était un beau vendredi de mai, une journée pleine de soleil et d'espoir. Je me rendais rejoindre mon mari et mon fils aîné David à notre ferme dans les Cantons de l'est. J'étais en automobile avec ma fille Anne-Isabelle. En route, nous nous sommes arrêtées pour prendre de l'essence et j'ai demandé à ma fille si elle voulait: 'de la crème glacée ou de l'eau qui pique (sa boisson favorite)?' Elle m'a répondu d'un air complètement scandalisé: 'Mais, voyons donc, les deux, maman!' comme si c'était possible de choisir entre deux merveilles! Je n'ai pas pu m'empêcher d'éclater de rire; cela lui ressemblait tellement. Elle qui voulait toujours tout, tout de suite. Elle qui jouissait de chaque seconde avec toute l'intensité dont elle était capable. Elle, dont ma voisine disait: 'Cette enfant-là, elle ne marche pas, elle danse!' Ma petite fille pleine de vie.

Puis nous avons repris la route vers la ferme. J'ai amorcé mon virage pour entrer dans la cour de la ferme où David et son père ramassaient du bois. Et soudain, plus rien... le noir. Quand j'ai repris connaissance, j'entendais mais je ne voyais pas, et, ce qui m'a instantanément atteint ce sont les cris déchirants de mon fils David. J'ai essayé de l'appeler pour lui toucher et le rassurer, mais, terrorisé par le sang, il refusait de bouger ou de s'approcher de moi. J'ai demandé des nouvelles d'Anne-Isabelle et j'ai entendu la voix de mon mari me répondre: 'Elle respire!' Puis, j'ai entendu la sirène de l'ambulance et on nous y a placées côte-à-côte Anne-Isabelle et moi. David et mon mari se sont installés à l'avant. Un ambulancier s'est installé à l'arrière entre ma fille et moi. J'entendais mais je ne voyais toujours pas. Je priais désespérément à l'intérieur de moi: 'Mon Dieu, faites qu'Anne-Isabelle n'ait rien, moi ce n'est pas grave, mais elle, elle est toute petite.' J'ai avancé la main pour toucher ma fille et vérifier si elle allait bien. Je n'ai eu ni le temps de penser ni celui de réagir, l'infirmier m'a dit: 'Ne bougez pas, madame, vous pourriez vous blesser encore plus, elle, elle est morte, vous, vous êtes encore en vie et vous avez un autre enfant.' David s'est mis à hurler: 'Ma petite sœur est morte. Ma petite sœur est morte.' Puis en pleurant plus doucement, il s'est mis à parler d'elle: 'J'aimais ça quand elle m'attendait à la porte, à mon retour de l'école, j'aimais ça quand elle riait et qu'elle me jouait des tours.' Puis, l'ambulance s'est arrêtée pour la laisser à la morgue. J'ai trouvé cela tellement dur de la laisser partir. J'aurais tant voulu la serrer dans mes bras ou la voir une dernière fois, mais je ne voyais toujours pas et l'ambulancier ne voulait pas que je bouge. J'ai arrêté de lutter et je me suis laissée tomber sans connaissance. J'ai repris connaissance à l'hôpital où, entre la conscience et l'inconscience, j'ai entendu deux brancardiers échanger ce petit dialogue: 'Chirurgie majeure, chirurgie mineure?' — 'Chirurgie majeure!' J'entreprenais la première étape d'une série de sept opérations et de deux ans de plâtre. Deux ans qui allaient me donner l'occasion de penser. Mais la souffrance physique n'allait pas être la plus difficile à passer.

Après la mort de ma fille, mon mari donna le ton en prenant la chose bravement et courageusement. Aux gens qui lui offraient leurs condoléances, il répondait: 'Nous avons eu deux ans et demi de bonheur!' Et je pris le parti de ce positivisme, persuadée que c'est ce que l'on attendait de moi et que c'est ce qu'il y avait à faire. Le courage et la dignité dans l'épreuve faisaient partie des vertus que l'on m'avait apprises! D'ailleurs un des poèmes préférés de mon père était cet extrait de Vigny:

'Prier, pleurer, gémir est également lâche
Dans la voie où le sort a voulu t'appeler
Accomplis vaillamment ta longue et lourde tâche
Puis après, comme moi, souffre et meurs sans parler.'

Les gens me disaient: 'Comme tu es courageuse!' et à l'intérieur j'avais envie de crier: 'Ce n'est pas vrai, je ne suis pas courageuse du tout, j'aurais juste envie de crier, de pleurer et de dire que ce n'est pas juste, que ça n'a pas de sens.' Je me disais: 'Pourquoi elle? Elle était jolie, intelligente, aimée... Pourquoi pas les autres dont les parents ne veulent pas?' Mais je me taisais parce que j'avais appris qu'il faut être brave et courageuse, ce qui veut dire se taire et endurer. Je crois que j'en voulais aux gens qui me disaient que j'étais courageuse, parce que je me disais: 'Ils ne veulent pas m'entendre, ça les dérange que des enfants meurent, ça les dérange que la vie ne soit pas juste, ça les dérange que les gens soient tristes, ils préfèrent ne pas en entendre parler et c'est pourquoi ils vantent le courage.'

Je sais maintenant que beaucoup de gens auraient accepté de m'écouter mais mon éducation m'enpêchait de le voir. Mais cette perception de la réaction des gens n'était pas qu'imagination de ma part. La plupart d'entre eux étaient vraiment gênés devant le phénomène de la souffrance et de la mort. Ils semblaient mal à l'aise. Ils ne savaient ni quoi faire, ni quoi dire. La mort leur faisait peur, les larmes leur faisaient peur. Ils préféraient faire semblant que rien ne s'était passé. Lorsque j'abordais le sujet avec mon faux-air serein et calme, ils semblaient faire 'Ouf, elle ne prend pas ça trop mal'. Ce que j'interprétais comme: 'Tu vois, c'est ce que les gens attendent; que tu te taises et que tu prennes ça comme une 'grande fille raisonnable', que tu recommences à fonctionner efficacement et que tu ne déranges pas.' À l'hôpital, une infirmière qui m'avait surprise à pleurer durant la nuit m'avait dit: 'Ça va passer, essaie de dormir!'

Et pourtant, beaucoup de gens ont eu des gestes qui m'ont touchée. Je me souviens de Willy, un voisin, qui sans dire un seul mot est venu déposer près de ma chaise roulante un plat de framboises qu'il avait ramassées lui-même. Willy n'a pas dit un seul mot, n'a rien exigé de moi, ni réponse, ni paroles, mais j'ai senti qu'il avait compris et qu'il apportait l'offrande de son cœur, tout simplement, en silence, avec la simplicité et la bonté qui l'avaient toujours caractérisé.

Je me souviens aussi d'une autre occasion. J'étais chez maman et ma sœur Andrée est arrivée avec sa fille Annie qui a trois mois de différence avec Anne-Isabelle. Comme à chaque fois que je voyais une petite fille de cet âge, la vue d'Annie réveilla ma tristesse. Je m'enfuis pour ne pas pleurer devant les gens. Ma sœur Michèle, qui avait compris d'un seul coup d'œil, vint me rejoindre et me tenir compagnie, tout simplement, sans dire un mot. Ces gestes gratuits de tendresse et d'affection m'ont été d'un grand secours et m'ont aidée à reprendre goût à la vie.

Après l'accident j'ai d'abord vécu une période de stupeur psychologique. Je ne pouvais accepter que 'ma petite fleur de noisette', soit partie et qu'elle ne reviendrait plus. Je n'acceptais pas la situation, je m'isolais dans ma douleur, je me retirais dans mon moi intérieur, essayant simplement de survivre. Je supportais toute cette tristesse, seule, sans me plaindre, sans déranger les autres, sans me laisser aller sur l'épaule de qui que ce soit. Je pleurais en cachette. J'ai vraiment pleuré la mort de ma fille, non pas avec son père, mais quatre ans plus tard, avec mon deuxième mari qui ne l'avait jamais vue.

Cette mort m'a fait vieillir tout d'un coup; jamais plus je ne croirais dans cette image rose d'un monde où tout va bien et où il suffit d'être gentil, courageux, bon et travaillant. Un monde où tout se déroule dans l'ordre, un monde où les malheurs n'arrivent qu'aux autres. Un monde où l'on a ce qu'on mérite, où l'on récolte ce qu'on a semé. Je n'étais plus la petite fille sage et raisonnable, la petite fille pleine de l'espoir que 'les choses vont finir par s'arranger'. Toute ma philosophie était bouleversée; j'étais devenue une femme révoltée qui essayait de comprendre ce qui lui arrivait, qui essayait de redonner un sens à la vie et à l'univers.

J'ai eu des réactions de rage contre Anne-Isabelle. Je lui en ai voulu de m'avoir abandonnée... comme si elle y pouvait quelque chose! J'ai eu des moments de culpabilité où je me disais: 'Si j'avais regardé en arrière une autre fois, si je l'avais attachée dans son siège de bébé, si... si... si...' Et, je me répétais cette romance à l'infini, tout en sachant la futilité de cette démarche. Et pourtant, six ans plus tard, quand le juge a déclaré que l'autre automobiliste était entièrement responsable de l'accident, j'ai éprouvé un sentiment de soulagement. Car, malgré tous mes beaux raisonnements, je nourrissais quelque part en moi cette culpabilité d'avoir participé à la mort de ma fille puisque c'est moi qui conduisais la voiture.

C'est mon fils David qui a commencé à me sortir de cet état. Lui qui n'avait jamais été malade depuis sa naissance, a eu quatre pneumonies cette année-là. J'en savais assez sur la psychologie pour savoir qu'il y avait des causes psychologiques sous-jacentes. J'en savais assez aussi pour savoir que ma réaction conditionnait la sienne. Sa réaction à la mort d'Anne-Isabelle a été très forte et contrairement à moi, il exprimait ses inquiétudes. Quelques jours après ma sortie de l'hôpital, il m'a demandé: 'Maman, vas-tu mourir un jour?' Je lui ai répondu: 'Bien sûr que je vais mourir un jour!' — 'Est-ce que papa va mourir un jour, lui aussi?' — 'Oui, lui aussi.' Et David s'est mis à pleurer en disant: 'Non, pas tout le monde, pas tout le monde que j'aime va mourir.' Je lui ai expliqué que, normalement, on ne meurt que lorsque l'on est vieux. Quelques jours plus tard, il demanda à ma mère pourquoi elle avait des veines gonflées sur les mains et ma mère lui répondit que c'est parce qu'elle était vieille. Nouvelle crise de larmes: 'Je ne veux pas que grand-maman meure!' Durant tout l'été qui a suivi la mort d'Anne-Isabelle, David s'est préoccupé de la durée de vie de tout ce qui l'entourait: poissons, arbres, fleurs, etc... Un an plus tard, alors que je pleurais toute seule dans la cuisine, David est arrivé. Il a mis ses bras autour de mon cou et m'a dit: 'Tu es triste à cause d'Anne-Isabelle, mais tu sais, papa et moi on est encore là, et on t'aime.' Cette déclaration d'amour m'a secouée de ma torpeur.

La vie m'apparaissait comme un désert glacé et j'avais oublié que, même sous les glaces de l'hiver, le printemps se prépare à revenir et les germes d'une vie nouvelle sont là. Petit à petit, la vie reprenait ses droits mais une vie toute nouvelle, porteuse d'un sens différent.

Dans les affaires d'Anne-Isabelle, j'avais retrouvé un petit soulier rouge, et, lui aussi, m'avait enseigné quelque chose. Quelques jours avant la mort d'Anne-Isabelle nous étions allées ensemble au magasin de souliers. Je voulais lui acheter des bottines brunes lacées. Je n'étais pas très coquette et les bottines étaient censées soutenir les chevilles et être meilleures pour le développement des pieds des enfants. Un choix raisonnable une fois de plus! Mais Anne-Isabelle ne l'entendait pas de cette façon. Dès son entrée dans le magasin, elle était littéralement tombée en amour avec une paire de petits souliers rouges, bien jolis, bien mignons, mais qui ne soutenaient pas le pied aussi bien. J'ai réfléchi longuement, mais elle les aimait tellement que, malgré mes réticences, je lui ai acheté les souliers qu'elle désirait. J'avais décidé de laisser tomber mes principes pour cette fois et de lui faire plaisir. Lorsque j'ai revu ce petit soulier, au milieu des restes de l'accident, j'ai été tellement contente de lui avoir fait plaisir plutôt que de penser à un avenir qui ne s'est jamais présenté. C'est ainsi que j'ai appris l'importance du moment présent, l'importance de ne pas sacrifier le seul temps que nous ayons, dans l'espoir d'un avenir illusoire. J'ai commencé à prendre des vacances. Petit à petit, j'ai dit adieu à mon passé, adieu à Anne-Isabelle, mais, aussi, adieu à beaucoup de mes conceptions de la vie.

C'est long et difficile de se libérer de son passé. Deux ans plus tard, j'étais à nouveau enceinte. Certaines personnes quand elles m'ont vue enceinte disaient: 'Moi si j'avais perdu un enfant, je n'en aurais plus jamais d'autres. J'aurais trop peur.' Cette pensée ne m'avait jamais effleurée. Je voulais re-faire ma fille (comme on dit re-faire sa vie), et j'espérais de tout mon cœur avoir une autre fille et l'appeler Anne-Isabelle. Oublier tout ce qui s'était passé et recommencer. Mon père appelait cela 'vivre en écrevisse', vivre à reculons. Je crois que ça nous arrive à tous de faire cela de temps à autre, vouloir refaire le passé à notre manière. Durant ma grossesse, je m'étais tellement conditionnée à avoir une autre fille que lorsque mon fils est né et que le médecin m'a dit: 'C'est un beau garçon. Comment allez-vous l'appeler?' je suis restée muette d'étonnement. Je n'avais pas pensé à la possibilité d'avoir un garçon. Heureusement, la vie m'avait joué un tour. Ce qui m'a permis d'apprendre que l'on ne refait jamais sa vie, on vit tout simplement autre chose. La vie est vivante, elle ne se répète pas, elle se transforme. La mort m'avait aussi appris à choisir la vie, à savoir comment elle est précieuse, et j'ai finalement accueilli mon deuxième fils avec le cœur plein d'émerveillement et de joie.

Sur le plan conjugal, la mort d'Anne-Isabelle n'a fait qu'aggraver les choses. La situation de non-communication entre mon mari et moi, que j'avais réussi à supporter jusque-là, est devenue insupportable. J'avais besoin de tendresse et je n'acceptais plus de m'en passer. J'acceptais de moins en moins de supporter, de patienter comme avant. Mes valeurs aussi avaient chargé. les valeurs matérielles ont pris moins d'importance. J'avais envie de jouer, de communiquer, de solutionner nos problèmes au lieu de les endurer. Petit à petit nous avons pris de plus en plus de distance jusqu'à ce qu'il n'y ait plus rien de commun entre nous. Quelques mois après notre divorce, mon ex-mari et moi avons pris quelques minutes pour jaser et celui-ci m'a dit: 'Tu sais, la vraie cause de notre divorce, c'est la mort d'Anne-Isabelle.' Et comme je le regardais avec surprise, il a ajouté: 'Depuis la mort de notre fille, tu n'es plus pareille, tu veux tout, tout de suite, tu n'es pas capable d'attendre.' Et, c'était vrai! Je ne pouvais plus accepter de vivre 'en attendant', en espérant que l'univers m'apporterait ce que je voulais. Je savais que chaque moment de vie est précieux et que demain, il sera peut-être trop tard. Je voulais être heureuse et je savais qu'il ne me suffisait pas d'attendre. Il fallait que je prenne ma vie en main. Je ne voulais plus attendre, Je ne voulais plus être raisonnable et gentille; je voulais vivre. Je ne voulais plus travailler fort uniquement pour gagner de l'argent, pour avoir une bonne position, pour être un succès. Je ne voulais plus faire ce que l'on attendait de moi; je voulais jouir de la vie. Je m'étais même surprise à aller voir une amie qui hésitait à divorcer d'un mari alcoolique et qui la rendait malheureuse. Elle se trouvait trop vieille pour divorcer. Je lui ai dit: 'Il n'est jamais trop tard pour changer. Tant qu'on n'est pas mort, on est vivant, bouge-toi et décide de vivre maintenant.' Et cela avec une énergie et une passion que je ne me connaissais pas. Moi qui étais jadis si tolérante et si patiente. Un étudiant a dit de moi l'autre jour: 'Quelle femme excessive et passionnée!' Ça m'a fait sourire et je me suis dit: 'Si tu savais d'où je reviens, tu comprendrais!' La passion n'avait pas très bonne presse chez nous. On y préférait les femmes rationnelles.

J'ai su que j'avais fait un grand bout de chemin quand l'événement suivant s'est produit. Cet après-midi là, l'avocat m'avait convoquée afin de faire l'évaluation des dommages moraux subis. La séance avait été assez pénible et j'avais réprimé durant tout ce temps une forte envie de pleurer. Je suis rentrée à la maison en espérant pouvoir partager mon vécu avec Jean-Yves, mon nouveau mari. Toutefois, celui-ci n'était pas encore arrivé et j'ai dû aller donner mon cours à l'université avant de l'avoir vu. À mon retour, il était tard. J'ai donc une fois de plus été raisonnable et je me suis couchée en silence. Mais mon inconscient veillait. J'ai rêvé. Dans mon rêve, je me voyais devant la maison de mes parents. Il y avait eu un accident et l'ambulance était là. Je me sentais très triste. J'avais une boule dans la gorge et le ventre serré par une envie de crier retenue. Je tournais le dos à mes parents et je regardais dans le vide afin de retenir tous les sentiments qui grouillaient à l'intérieur. Je me répétais: 'Monique, sois raisonnable, ne dérange pas les gens avec tes problèmes. Ça fait déjà quatre ans que ta fille est morte, personne n'a plus envie d'en entendre parler.' Et soudain, toujours dans le rêve, la pensée m'est venue: 'Mais, ce n'est plus vrai, Monique tu as changé. Tu sais maintenant que tu peux exprimer tes sentiments. Tu peux admettre la réalité et la réalité c'est que tu es triste et que tu as envie de pleurer. Tu peux aller chercher de l'aide et du contact. Tu peux déranger les gens. Tu n'es plus toute seule.' Cette pensée était tellement forte qu'elle m'a réveillée. J'ai réveillé Jean-Yves et j'ai pleuré sur son épaule. Cela m'a fait un bien immense. Ce rêve a été pour moi un point tournant. Au lieu de tout garder en moi, j'avais accepté la réalité de ma perte et de ma tristesse. Je n'étais plus courageuse, brave ou raisonnable, j'étais vivante.

Je me souviens lorsque je suis sortie du plâtre après deux ans, je me promenais et je jubilais en disant: 'Je marche, je marche.' Quel sentiment de liberté, quelle légèreté; plus de plâtre, plus de béquille. Des choses que je considérais comme allant de soi avaient pris une valeur nouvelle. J'avais pris pour acquises toutes ces choses simples et j'avais oublié de m'en émerveiller. De la même façon, j'avais pris pour acquis les êtres qui m'entouraient et j'avais oublié de m'en émerveiller et d'en jouir.

L'expérience de la mort a aussi transformé ma façon d'exercer mon métier de thérapeute. Plusieurs personnes sont venues me voir; elles aussi avaient fait l'expérience de la mort d'un enfant. Je me sentais davantage capable de les comprendre. J'étais aussi plus lucide sur les dangers de tout garder en soi ou de trop s'attacher au passé. Je me souviens de cette cliente qui gardait cette douleur cachée au fond d'elle-même depuis plus de huit ans. Elle a pu l'exprimer ouvertement, elle a pu pleurer tout son saoul avec un groupe qui l'accueillait sans la juger, sans lui demander de jouer un rôle. Le fait de reconnaître la réalité de sa tristesse et la réalité de sa perte lui ont fait dire en partant: 'J'ai l'impression de peser cent livres de moins. Je crois que je recommence à vivre.'

Je me souviens aussi de cette autre cliente dont le fils était mort depuis trois ans et qui ne vivait plus que dans le passé. À ma question: 'Qu'est-ce que tu veux de la vie?', elle répondit: 'Je veux mon fils!' Au lieu d'uniquement l'écouter et de la plaindre comme je l'aurais fait auparavant, je lui ai dit: 'Ton fils est mort, la seule façon de le rejoindre serait de mourir toi aussi. Il est mort; que veux-tu faire du reste de ta vie?' Elle m'a regardée scandalisée et m'a dit: 'Tu ne peux pas comprendre ce que c'est de perdre un enfant!' Je lui ai dit 'Oh oui, je peux le comprendre! c'est pourquoi je te demande ce que tu veux faire du reste de ta vie, parce que tu peux choisir d'être morte en même temps que lui, même si tu survis physiquement!' Cette intervention me semblait dure et pourtant nécessaire. Nécessaire pour l'aider à faire son deuil.

Je crois que vivre un deuil est un processus, un processus qui prend du temps, un processus de changement et de croissance. Un processus qui, si on ne veut pas le bloquer, demande que l'on accepte d'en franchir toutes les étapes, et qui remet toute notre vie en question. C'est un processus qui m'a pris des années. Ce processus m'a entraînée d'un état de tristesse et de profonde déception à un état de révolte et de rage. Puis j'ai commencé à exprimer mes sentiments et à accepter la réalité et j'ai finalement fait la paix avec mon deuil. Je me suis retrouvée plus mature, plus réaliste, plus sereine. J'aurais voulu assassiner toute personne qui m'aurait dit cela au début, mais cette épreuve m'a enrichie et me permet de vivre une vie plus pleine. Une vie où les sentiments, la fraternité humaine et la compassion ont une place plus importante.

Cependant, ce processus ne s'est pas fait tout seul. Avec le recul, je vois que chaque étape de ce processus a demandé l'acquisition d'habiletés nouvelles. Il y a d'abord la nécessité de faire face à toutes les émotions que comporte un deuil; sentiment d'impuissance, tristesse, rage, révolte, culpabilité, apitoiement sur moi-même. J'ai dû reconnaître, admettre et apprendre à exprimer ces émotions. Il m'a fallu apprendre à répondre à mes besoins: besoins de contact, d'aide, de support et de fraternité humaine. Apprendre à déranger et à demander. J'ai dû aussi abandonner un univers d'illusions: illusion de mon éternité, illusion de ma puissance. Je me sentais jeune et je ne voulais pas faire face à l'inéluctabilité de la mort, la mienne et celle des autres. Il m'a fallu 'lâcher prise', admettre que je ne suis pas maître de mon destin et que le maîtriser, c'est laisser aller cette croyance enfantine que la vie doit être comme je le veux. Vivre une mort, c'est vivre l'expérience du détachement, de l'abandon, du dépouillement. C'est vivre l'expérience de la pauvreté spirituelle qui est connaissance que rien ni personne ne nous appartient. Tout ne nous est que prêté.

La mort d'Anne-Isabelle m'a aussi confrontée à la vanité de beaucoup des principes auxquels j'étais attachée. De plus en plus j'ai appris à distinguer l'essentiel de l'accessoire, à attacher moins d'importance au valeurs matérielles et plus d'importance aux valeurs affectives. J'ai appris à écouter mon cœur tout autant que ma raison. J'ai dû faire face à la réalité de la solitude et apprendre que nous seuls pouvons prendre nos décisions les plus vitales. Tellement souvent, sans que nous en ayons conscience, les autres sont pour nous une 'raison de vivre', notre existence ne prend son sens qu'à travers la leur. Nous devenons trop dépendants de ceux qui nous sont proches. Là aussi nous devons apprendre à 'laisser aller' notre vieille tendance à vouloir posséder les gens. Cette tendance ne fait que créer des chaînes pour eux et pour nous. La mort d'Anne-Isabelle m'a appris que la réalité de mon existence n'était liée à celle d'aucune autre personne en particulier. Les autres vivent leur vie et meurent à leur heure, je n'ai pas de prise sur leur destin, je ne suis qu'un compagnon temporaire de leur voyage, ils ne sont qu'amis sur ma route. Et, paradoxalement, j'ai appris que ces amis sont d'autant plus précieux que je ne les possède pas. C'est ainsi que j'ai appris à 'laisser aller' mes autres enfants, à ne pas leur imposer le fardeau d'une tendresse ou d'une inquiétude étouffante. Je sais que mes garçons ne seront jamais une fille et je dois leur permettre de vivre leur vie à leur façon, sans leur imposer mes contraintes.

Mais plus que toute autre habileté, la mort nous place devant un choix: chacun de nous doit choisir entre la vie et la mort. C'est un choix constant, quotidien; mais le deuil le pose de façon cruciale, presque directe. Il nous oblige à prendre conscience de la mort dans notre propre vie. C'est ainsi que j'ai eu le choix entre me refermer sur mon passé, essayer de le recréer, vivre en écrevisse et regarder en arrière ou résolument choisir de vivre le présent avec toute l'intensité dont je suis capable, choisir d'être heureuse, choisir d'accueillir la vie avec joie, émerveillement et reconnaissance, l'accueillir telle qu'elle est sans vouloir lui imposer mes schémas préétablis par rapport à comment elle devait être.

Je ne voudrais pas faire croire que tous ces changements sont acquis définitivement. Il m'arrive encore de retomber dans mes vieilles images, de me mettre à travailler trop fort et à oublier de jouir de la vie. Il m'arrive encore d'oublier de dire à mes enfants que je les aime. Il m'arrive encore d'être raisonnable et de faire ce que l'on attend de moi, plutôt que de répondre à mes besoins et de faire ce que j'ai envie de faire. Il m'arrive encore d'oublier de tenir compte de mes sentiments et d'être une petite fille bien sage qui ne dérange pas le monde. Mais, maintenant, à l'intérieur de moi, j'ai cette petite fille blonde aux grands yeux bruns, cette petite fille rieuse qui me rappelle que la vie est faite pour être vécue dans la joie, que je n'ai pas besoin d'être aussi raisonnable, que je peux m'arrêter de travailler de temps à autre pour dire aux gens que je les aime. Une petite fille qui me rappelle de ne pas oublier de prendre le temps de vivre et de sentir les fleurs au bord du chemin. Une petite fille qui me rappelle de goûter chaque instant qui passe et de le vivre intensément, qui me rappelle de préférer l'essentiel à l'accessoire, de vivre dans le moment présent, de regarder en avant, de me permettre un brin de folie. J'ai encore besoin d'elle parce que j'ai encore tendance à oublier tout ce cheminement et les précieuses découvertes qu'il m'a apportées. Souvent quand je médite le matin, l'image d'Anne-Isabelle m'apparaît. Sa présence à l'intérieur de moi est celle d'une amie et je l'accueille avec beaucoup plus de joie, de tendresse et de sérénité que de regret ou de tristesse.»

Monique Massé

Références

1. Kozemiertz Dabrowski, *La croissance mentale par la désintégration positive,* Éd. St-Yves, 1972.
2. Jean Lacroix, *L'échec,* P.U.F., pp. 25-26, 1965.
3. Pierre Ferrari, *Les séparations de la Naissance à la Mort,* Éd. Édouard Privat, Toulouse, p. 134, 1976.
4. A. Brideau, Intégration psychique de la mort, *Médium n° 23,* automne, p. 19, 1984.
5. Dr Howard Halpern, *Adieu,* Éd. Le Jour, pp. 16-17, 1983.
6. Lily Pincus, *Death and the Family,* First Vintage Books Ed. New York, p. 42, 1976.
7. Idem, p. 124.

# CHAPITRE DOUZIÈME
APPRIVOISER LA SOUFFRANCE

« La souffrance est comme le marteau qui réveille dans la pierre la statue endormie, comme le ciseau qui taille, rogne, allège et délivre en nous la 'forme éternelle'. »

Jacques d'Arnoux

Souffrir, c'est ressentir en soi une privation et une limite. Privation de ce que nous aimons, limite apportée à ce que nous voulons.

Ce morne quotidien qui ramène toujours les mêmes devoirs, les mêmes lassitudes, les mêmes soucis, c'est la roue précieuse qui nous travaille et nous polit.

La puissance de souffrir est la même en nous que la puissance d'aimer.

«Souffrir pour Dieu, disait Jeanne de Chantal, c'est la nourriture de l'amour en terre, comme jouir de Dieu est l'aliment de l'amour dans le ciel.»

La souffrance ne peut-elle pas être considérée comme une visite de Dieu qui peut produire une grâce si elle est acceptée?

«Rien de grand ne se fait sans beaucoup souffrir», disait saint Augustin.

Quelles sont les voies de la souffrance?

La souffrance connaît plusieurs voies. Tantôt c'est une *expiation,* tantôt une *épuration,* un *progrès,* une *sanctification.*

La souffrance en nous diminuant, en nous dépouillant, nous rapproche de ce qui est notre essence. Elle nous met aux prises avec une mort partielle en nous associant à l'œuvre rédemptrice de Jésus.

«Je me suis toujours efforcée d'aimer la souffrance et de lui faire bon accueil» (Thérèse de Lisieux).

Le sens de la souffrance est le sens d'un mystère greffé sur le mystère même de notre vie terrestre. Toute souffrance qui ne rend pas meilleur n'a-t-elle pas manqué sa vocation?

«Que rien ne te trouble. Que rien ne t'épouvante.
Tout passe. Dieu est toujours là.
La patience obtient tout.
Qui possède Dieu, rien ne lui manque.
Dieu seul suffit» (Sainte Thérèse d'Avila).

L'intégration d'une souffrance passe d'abord par l'acceptation. C'est par l'acceptation que nous trouvons un sens, une paix profonde et sûre qui ne sont pas de ce monde. C'est le détachement nécessaire à toute évolution spirituelle. La souffrance est un moyen, en nous dépouillant, de nous remplir de Dieu.

Dieu veut-il la souffrance?

La souffrance est entrée dans le monde par nous. Dieu ne veut pas la souffrance. Elle en sort avec Celui qui a épuisé en Lui toute la violence et la réalité de la douleur, toute l'horreur du mal jusqu'à en délivrer nos âmes pour l'éternité, jusqu'à en transformer la nature sur la terre.

Qu'est-ce qu'apprivoiser la souffrance?

A) Apprivoiser la souffrance, c'est accepter notre pauvreté.

B) Apprivoiser la souffrance, c'est vivre dans l'espérance.

C) Apprivoiser la souffrance, c'est accepter le dynamisme de l'amour.

A) Apprivoiser la souffrance, c'est accepter notre pauvreté

Le pauvre est celui qui accepte d'appartenir à Dieu, d'être à sa disposition. Nous retrouvons cette attitude chez plusieurs prophètes et spécialement chez le prophète Jérémie. Il s'appuie sur Dieu dans une remise absolue, dans une relation personnelle et confiante.

«Guéris-moi, Yahvé, et je serai guéri,
sauve-moi et je serai sauvé,
car tu es ma louange!» (Jr 17, 14)

Le vrai pauvre comprend que sa souffrance, ses échecs humains sont un moyen dont Dieu se sert pour le conduire à un abandon total, un dénuement complet.

Job nous donne un bel exemple de la transcendance divine et la misère humaine. En priant et en espérant, il prend conscience que la justice de Dieu est un mystère, qu'il doit se soumettre, persister dans sa foi, alors que son esprit ne reçoit pas d'apaisement.

«Je sais, moi, que mon Défenseur est vivant,
que lui, le dernier, se lèvera sur la poussière.
Après mon éveil, il me dressera près de lui
et, de ma chair, je verrai Dieu» (Jb 19, 25-26).

Abraham n'est-il pas le premier pauvre? Dieu promet à Abraham une nouvelle terre où il recevra toutes sortes de bénédictions, mais il lui faut pour obtenir ces dons, tout quitter. Pars! quitte tes biens, ton pays, ton patrimoine, ta culture, tes habitudes, ton passé pour prendre une situation instable, remplie d'insécurités. Et Abraham partit, ne sachant où il allait[1].

Après bien des souffrances, le roi ne devient-il pas le héros des pauvres? Ces nombreuses afflictions lui ont permis de saisir la gratuité du Dessein de Dieu sur lui. Cette pauvreté l'a conduit à la gloire royale. Depuis Abraham jusqu'à la Vierge Marie, Dieu s'est plu à bouleverser notre logique humaine en montrant une prédilection pour ce qui nous semble le plus ignoré, le plus pauvre, le plus humble.

Toute la vie spirituelle de l'Ancien Testament atteint en Marie son apogée, son point de maturité. Il y a un silence, une disponibilité, un vide, un appel. Elle accueillera, en son cœur, ces pauvres d'Israël qu'on appelait les «anawins».

La vraie pauvreté évangélique consiste à être libre de tout, sauf de la volonté de Dieu. L'annonce du royaume est celle d'une libération effective de tous les maux. Saint Paul affirme aux Corinthiens, «Vous ne vous appartenez pas, nul d'entre vous ne vit pour soi-même, comme dans la mort, vous appartenez au Seigneur[2]».

Peut-il y avoir authentique pauvreté sans cette dépendance du cœur, sans ce dégagement, cette remise totale entre les mains de la Providence?

Nous avons besoin de prendre conscience de notre vraie richesse qui est l'acceptation à fond de notre pauvreté. Acceptation de nos limites humaines, de nos insécurités, de notre petite capacité d'amour.

«Jésus qui était riche, s'est fait pauvre pour nous afin de nous enrichir par sa pauvreté[3].»

La vraie libération, c'est cette capacité de déracinement, cette disposition empressée et constante à être mu par l'action aimante de Dieu. Cette libération amènera à l'abandon total comme le petit enfant qui dort paisiblement dans les bras de son père.

B) Apprivoiser la souffrance, c'est vivre dans l'espérance

L'espérance est une vertu infuse théologale, c'est la vertu de marche dans la vie spirituelle, elle est le moteur qui l'actionne. Une personne qui n'espère plus a perdu tout dynamisme. Elle ne vit plus. Cependant, il existe des moments dans la vie où nous nous sentons écrasés par les épreuves de toutes sortes; durant ces périodes difficiles, il est bon de nous rappeler que l'Esprit Saint vient en aide à notre faiblesse.

«L'Esprit lui-même intercède pour nous par des gémissements ineffables et celui qui sonde les cœurs, sait quelles sont les aspirations de l'Esprit, que c'est selon Dieu qu'il intercède en faveur des saints[4].»

C'est la conviction que Dieu veut le bonheur de l'homme qui suscite le scandale d'Israël devant le malheur et qui explique aussi son espérance car s'il est dans le plan de Dieu que l'homme jouisse des biens à tous les niveaux physiques, psychologiques, intellectuels, spirituels, en être privé sérieusement est un mal.

Israël n'a jamais accepté comme allant de soi le fait de l'injustice et de la souffrance, en général. Sa foi en la bonté et en la Toute-Puissance de Dieu le conduit à penser que s'il n'y a pas de justice maintenant, il y en aura une plus tard.

«La prière de l'humble pénètre les nuées
tant qu'elle n'est pas arrivée, il ne se console pas.
Il n'a de cesse que le Très-Haut n'ait jeté les yeux sur lui,
qu'il n'ait fait droit aux justes et rétabli l'équité
Et le Seigneur ne tardera pas,
il n'aura pas de patience à leur égard,
tant qu'il n'aura brisé les reins des violents
et tiré vengeance des nations
exterminé la multitude des orgueilleux
et brisé le sceptre des injustes,
tant qu'il n'aura rendu à chacun selon ses œuvres

et jugé les actions humaines selon les cœurs,
tant qu'il n'aura rendu justice à son peuple
et ne l'aura comblé de joie dans sa miséricorde[5].»

Cette espérance d'une plénitude envisagée ici comme justice, inclut aussi le rassasiement de tous les malheureux. Le monde à venir doit combler toutes les déficiences du monde présent et cela, Dieu seul peut l'accomplir.

C'est sur le fond de cette espérance juive qu'il faut comprendre la parole de Jésus survenant en Palestine pour annoncer que le royaume de Dieu est proche.

C'est l'espérance théologale qui nous vide de tout attachement. Nous avons besoin de croire que nous sommes un petit instrument par lequel Dieu réalise ce qu'il veut et quel que soit le talent ou le poste que nous occupons.

C) Apprivoiser la souffrance, c'est accepter le dynamisme de l'amour

Quand nous nous sentons anéantis, que nous avons l'impression de n'être plus rien et de n'avoir plus rien et que nous offrons cet état à Dieu par amour, nous sommes dans la plus haute forme d'amour qui soit.

La façon dont nous acceptons la souffrance est un témoignage de la qualité de notre amour pour Dieu.

«Notre attitude dans toute souffrance doit être celle de l'enfant durant une opération salutaire et sanglante que sa mère, le cœur déchiré, lui demande pour sa guérison de subir sans résistance: il cesse de se débattre, met sa main dans la main maternelle, ses regards dans les regards qui le couvent, et convaincu que tout est pour son bien, accepte tout en la sécurité meurtrie de l'amour dont rien ne peut le faire douter[6].»

Il s'agit de demeurer dans la pure adhésion de foi, d'espérance et de charité à Dieu sans rien sentir, ni comprendre, sans aucun appui dans le fonctionnement naturel de nos facultés. Même si nous n'avons plus aucune conscience de la présence et de l'aide de Dieu. Il est plus que jamais présent et agissant en nous pour nous conduire intérieurement, Il est là pous nous consoler.

Qu'est-ce que consoler?

Consoler, c'est pouvoir apporter à autrui quelque chose qui le soulage, c'est lui faire vivre une espérance, un amour plus fort encore que la douleur.

Dieu ne crée qu'à partir du vide. Il désire le roc solide de notre amour qui soit capable de tout supporter. La souffrance fait partie de notre lot humain. L'Esprit Saint ne fait rien au hasard. Il prépare ses instruments.

Abraham quitte son pays par étapes successives sur l'ordre dc Dieu, pour prendre possession du pays qui doit devenir l'héritage de la race dont il doit être le père.

Moïse est sauvé des eaux, il deviendra, après quarante ans au désert, le libérateur et le conducteur du peuple hébreu.

Combien admirables aussi les voies que l'Esprit Saint fait suivre à saint Jean Baptiste, à saint Paul pour les préparer à leur mission exceptionnelle!

Accepter de traverser certaines souffrances, c'est accepter d'être de plus en plus purs entre les mains de Dieu pour devenir un parfait instrument.

Le soin que Dieu met dans les préparations providentielles de ses témoins indique le prix qu'Il attache à cette collaboration humaine.

Fleurette nous confirme par son témoignage le bienfait d'une souffrance acceptée avec courage.

«Aujourd'hui, je suis prête à témoigner du Christ vivant parmi nous et en chacun de nous. Moi, j'ai donné un sens à ma vie et j'y ai trouvé l'Essentiel.

Oui, c'est à trente-huit ans que j'ai commencé vraiment à vivre. Il a fallu que je sois touchée d'une maladie pour comprendre que j'étais habitée par ce Dieu vivant. J'étais comme beaucoup d'entre vous, je le cherchais ce Dieu, mais pas trop. J'étais plutôt médiocre dans ma démarche spirituelle. Je ne l'ai jamais abandonné totalement, je le priais en marmottant souvent sans trop savoir ce que je disais. Lui, ce Dieu aimant, ce Dieu de bonté, ce Dieu de tendresse ne m'a jamais abandonnée, malgré la liberté qu'il m'a donnée. Il était là, présent en moi et m'attendait patiemment. Moi, naïve, je ne comprenais pas, Il m'avait pourtant donné des signes bien avant, mais c'était pas pour moi, c'était pour les autres.

Lorsque Dieu me toucha par cette longue maladie, je ne comprenais pas le sens de cette souffrance. Je n'acceptais pas d'être «faible». Je me devais toujours d'être à la hauteur, c'est-à-dire forte, inébranlable, ferme et cela, sans me plaindre de la moindre fatigue. Comme je m'en demandais! Il y a eu agressivité, révolte, non-acceptation de cette maladie. Pendant cette période de crise, je m'en suis donnée de la misère. Je tenais bon, malgré les contraintes que cette maladie m'apportait. Je ne devais pas trébucher, moi. Que de souffrances morales j'ai vécues parce que j'étais sur les «brakes». J'aurais donc voulu être en santé. Je priais et demandais ma guérison à Dieu avec des conditions, je le «barguinais», quoi! J'avais des hauts et des bas. Mon physique étant atteint d'une maladie, le psychique et le moral l'étaient aussi, car il faut que ces trois éléments vivent en harmonie pour être bien dans sa peau. Mon corps était comme sans vie, je disais souvent: «Je suis une morte ambulante», j'avais froid, mes mains et mes pieds toujours glacés, la circulation de mon sang était au ralenti, je n'avais jamais faim, je maigrissais à vue d'œil, mes yeux me trahissaient, ils étaient comme ombragés et furtifs.

Pendant plusieurs mois, je me laissai ballotter d'un bord et puis de l'autre pour savoir de quoi je souffrais. Une autre souffrance, c'est de ne pas savoir de quoi tu souffres... Alors, l'angoisse, l'anxiété se met de la partie. Dieu merci, j'avais de la ténacité, mon moral tenait bon même si parfois il était «down», je mettais toutes les chances de mon côté, à mon point de vue. Je me cherchais, je tournais en rond, je voulais savoir qui j'étais moi, ce que je voulais moi, enfin je voulais être bien dans ma peau. Ça tiraillait en-dedans et en-dehors. Cet arrêt m'a permis de faire une remise en question, un retour sur ma vie, je plongeais dans un tournant et ne voulais pas bifurquer. Toujours lucide, je me voyais et me sentais prise comme dans un étau. C'était bouleversant.

Pendant tout ce temps de chamaille intérieure, mon corps s'affaissait de plus en plus, parce que je ne l'écoutais plus. Moi qui prêchais l'écoute de son corps, l'importance de connaître son corps, de l'apprivoiser. C'était bien, «faites ce que je vous dis, mais ne faites pas ce que je fais». Cependant, je n'oubliais pas que c'était important, l'air pur, les marches et quelques exercices, mon corps les commandait, c'était comme par instinct, j'y répondais et j'en reconnaissais les bienfaits. Je faisais de l'imagerie mentale sans le savoir. La rivière, l'air, le soleil étaient devenus mes amis et j'inspirais leur énergie constamment.

Pendant la période estivale, je me suis retirée de la maison pour mieux me reposer de la routine et j'ai commencé à découvrir dans le silence et dans la nature qu'il y avait quelque chose de spécial qui m'attirait. Je me laissais bercer par les vagues de la mer, je m'émerveillais devant un coucher de soleil, je contemplais la lune et me laissais vivre, j'avais du temps pour moi, enfin.

Au mois d'octobre, lorsque je fis «solitude», cela m'a permis d'approfondir, de comprendre, de saisir que j'ai été créée dans la nature et c'est là que je m'y suis retrouvée et j'ai découvert dans le silence que Jésus m'habitait et me parlait par mon cœur. J'avais découvert l'essentiel... Dieu. Ça m'a pris un certain temps pour comprendre quand mon corps parle, quand ma tête parle, quand mon cœur parle.

Et pour cela, il faut faire un silence intérieur pour comprendre. Lorsque j'en ai fait la différenciation, comme j'étais heureuse! Cela m'a permis de me comprendre plus, de découvrir que mon corps était le temple du Christ et qu'il fallait que j'en prenne soin. Donc, il fallait que je me prenne en main.

Mon cœur, lui, il m'en a dit des choses, c'était à son tour de parler, c'était toujours ma tête qui parlait, qui raisonnait, qui planifiait, qui contrôlait, qui ordonnait, qui rationnalisait tout. C'est bien correct de raisonner, mais j'ai compris que c'était plus important de laisser parler son cœur et que c'était plus facile. C'est beau les belles théories qu'on apprend dans des gros livres, mais combien notre vécu a de valeur, et combien notre intérieur est d'une richesse infinie, c'est inexprimable. Il faut le vivre pour le croire et tous nous avons reçu des dons, il s'agit de les découvrir et d'en faire profiter ceux qui passent sur notre chemin.

Pendant ce temps de silence, j'ai appris à me laisser guider par ce Dieu d'Amour. Tous les jours, sans forcer les événements et que de joies j'y trouve.

J'ai appris à me laisser vivre dans un abandon total et cela, au jour le jour.
J'ai appris que l'humain passait avant tout autre chose.
J'ai appris que la santé est une richesse et que le matériel ne vaut pas grand chose lorsqu'on est impuissant physiquement.
J'ai appris qu'aimer et être aimé sont des besoins primordiaux.
J'ai appris que mon intérieur était d'une richesse inestimable.
J'ai appris que ce que je reçois j'ai à le partager pour le faire fructifier.

J'ai appris qu'on avait tous et chacun un cheminement différent dans la vie et qu'il fallait respecter celui des autres.
J'ai appris ce que c'est la souffrance morale et physique; il m'est plus facile de comprendre les autres qui sont malades maintenant.
J'ai appris qu'il fallait que j'accepte ma maladie, qu'elle n'était pas là pour rien.
J'ai appris que j'avais des limites, des capacités inférieures aux autres et que j'avais à les accepter.
J'ai appris qu'il y avait un seul grand guérisseur et c'est Dieu. Il se sert d'outil dont chacun de nous en somme, dépendant des dons reçus. Dans mon cas, le médecin est l'outil donc Dieu se sert comme le psychiatre, le psychologue, le travailleur social, le papa, la maman, tous et chacun vous êtes des outils et chacun on a du prix aux yeux de Dieu.
J'ai appris qu'on avait tout en nous pour se guérir, pour se sentir bien.
J'ai appris à mettre de la gratitude dans ma vie envers Jésus et ceux qui me côtoient.
J'ai appris que quand on aimait, on dépendait de l'autre.
J'ai appris que l'amitié sincère est évangélique.
J'ai appris qu'aimer n'est pas seulement donner, c'est aussi accueillir.
J'ai appris que pour aimer et pour donner, il faut qu'il y ait une transparence.
J'ai appris à prier par le cosmos (nature) et dans le cosmos.
J'ai appris que le bonheur est en chacun de nous.

Il m'en a fallu du temps pour comprendre toutes ces choses, je les savais comme vous, mais les mettre en pratique, les vivre, c'est autre chose.

Il a même fallu pour comprendre toutes ces choses que je vive ce que j'appelle un «miracle»; j'en ai vécu deux, pour vous c'est peut-être des petits miracles, pour moi, ils sont grands.

Le premier, il était intérieur, j'ai découvert l'Amour et la Tendresse de Jésus, j'ai été gâtée parce que lorsque tu découvres cela, tu es marquée à la vie, c'est comme le feu, c'est irréversible.

Le deuxième, il était physique, j'ai senti une circulation sanguine à travers tout mon être, une chaleur se ravivait en moi. Comme par instinct, je ne savais pas ce qui se passait, je me frottais partout pour activer davantage le sang qui circulait en moi. C'était le début de ma guérison physique. De l'extérieur, Jacqueline, ma compagne, a vu le miracle. c'était mon visage, mes yeux, enfin mon corps qui se transformaient.

En fait, ma maladie je la compare à une naissance. Vous, en tant que maman, vous comprenez les souffrances, les douleurs lorsqu'on donne naissance à un enfant, c'est un peu cela que j'ai vécu, j'en ressors avec une nouvelle naissance, une nouvelle vie, une vie de résurrection et petit à petit, j'attends le reste de mon miracle qui est en cours, soit ma guérison complète.

À tous les jours, Jésus me gâte, il s'agit d'être à l'écoute, d'être attentif. Souvent, il me joue des tours pour me faire prendre conscience de sa présence. Malgré tout, il m'arrive d'avoir des jours sombres, ça me permet d'apprécier les jours de Lumière et ces jours sombres sont importants dans la vie pour Jésus, ce sont souvent des jours de lumière.

Je suis encore en période d'apprentissage, j'ai à chaque jour à me transformer, c'est-à-dire à mourir à beaucoup de choses, c'est une lutte continuelle, mais avec Lui, tout est possible. Je ne suis pas parfaite, loin de là, je suis une personne humaine comme Jésus l'a été aussi. Lui peut me comprendre sans me juger. C'est pourquoi j'ai à vivre ma docilité, c'est-à-dire à m'abandonner totalement à Lui et le laisser vivre en moi.

Vous tous qui avez vécu et peut-être passé par un événement semblable, je demande à ce Dieu vivant en moi et en chacun de vous de vous protéger et de Lui faire confiance. C'est en Lui et par Lui que nous tendons tous vers la vie éternelle qui est déjà en cours. Celle que je souhaite à tous.

Je vous porte tous dans mon cœur et je vous aime. »

Fleurette

Références

1. Épître aux Hébreux 11, 8.
2. 1 Corinthiens 6, 20.
3. 2 Corinthiens 8, 9.
4. Romains 8, 26-27.
5. L'Ecclésiastique 35, 17-23.
6. Monseigneur Chica (1962), *L'apôtre du XXe siècle,* Éd. Nouvelles Éditions Latines.

CHAPITRE TREIZIÈME
UN FACTEUR DE SURVIE: LA FOI

Je Crois en Toi

Quand je regarde la mer
Teintée de bleu et de vert
Déposer sur un lit d'algues
Mille et un baisers de vagues,
Je crois en toi, Oh! oui, je crois en toi,
À ton infinie bonté,
En ta divinité!

Quand je regarde le lac,
Où se balance une barque,
Enfanter dans le silence
De grandes ombres qui dansent,
Je crois en toi, oh! oui, je crois en toi
À ton infinie bonté
En ta divinité

Quand je regarde une source
Entraîner dedans sa course
Une feuille abandonnée
Qui n'a su où se jeter,
Je crois en toi, oh! oui, je crois en toi,
À ton infinie bonté
En ta divinité

Quand je regarde un ruisseau
Glisser entre deux roseaux,
Son long ruban frémissant
Sous la caresse du vent,
Je crois en toi, oh! oui, je crois en toi
À ton infinie bonté
En ta divinité!

Claire Silvera-Rochon

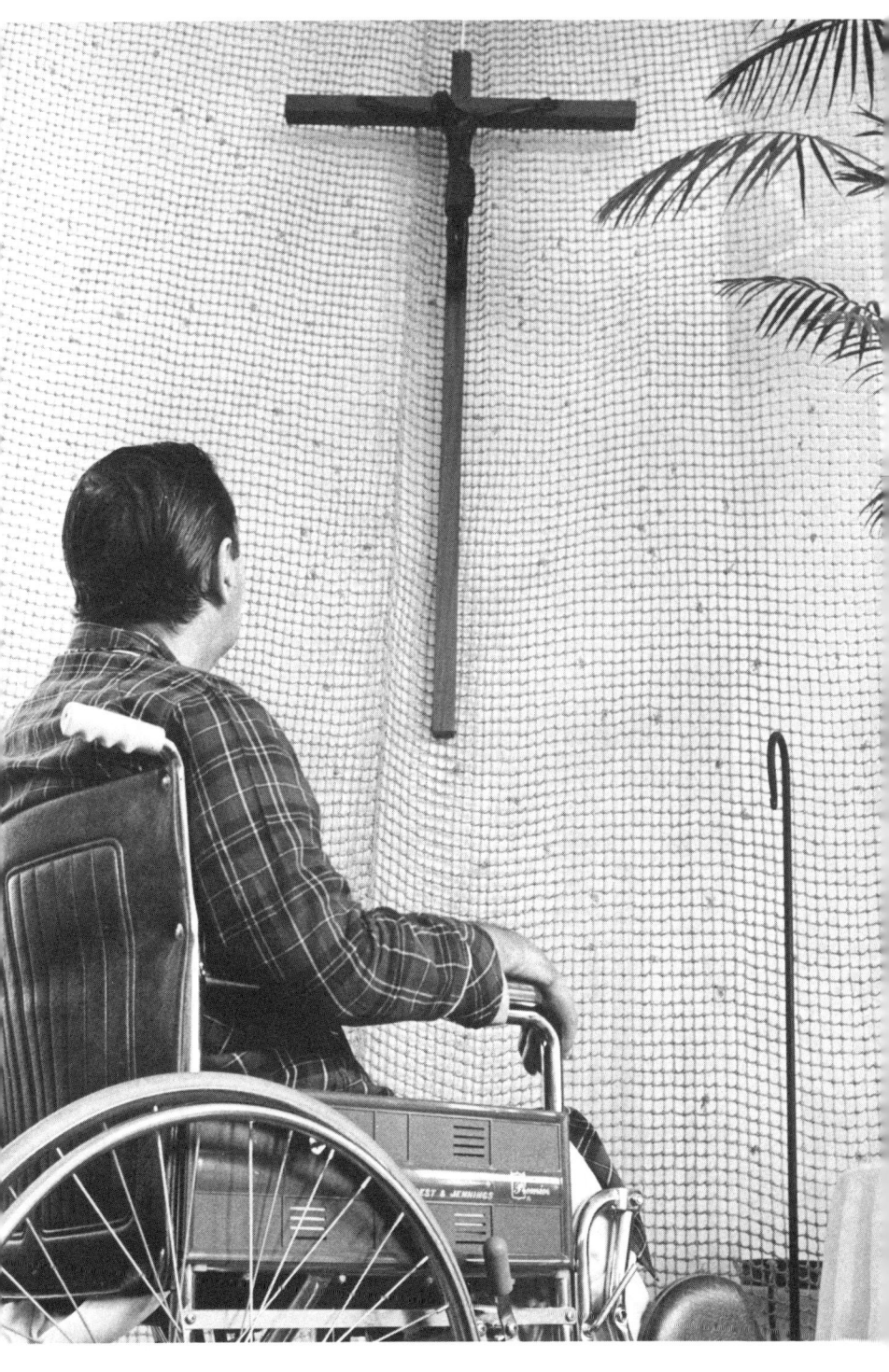

Le rapport étroit entre la perte de la foi et la mort apparaît clairement dans les situations de tension ou de crise. *La force de la foi* peut être le facteur déterminant qui permet à une personne de survivre alors que son compagnon va mourir.

Les camps de concentration nazis n'ont-ils pas été un extraordinaire test de foi? Pour les observateurs extérieurs, pour tout le grand public qui a suivi la libération des détenus dans la presse, il semble miraculeux que quiconque ait pu sortir vivant de ces enfers. Parmi ces rescapés se trouvait un psychiatre autrichien nommé Viktor Frankl. Ses observations le menèrent à une conclusion: «Seuls survécurent ceux pour qui la vie avait un sens; les autres abandonnaient et se laissaient mourir.»

La foi confère une force inégalée et une vitalité qui est à la mesure de cette foi dans la vie. L'œuvre de Saint-Exupéry n'est-elle pas imprégnée de cette foi?

Tant que la foi persiste, la personne n'abandonne pas la lutte. La foi est la force qui maintient la vie en perpétuel mouvement: la personne évolue aussi bien dans le temps temporel que dans le temps spirituel. C'est cette force qui rattache la personne à l'avenir et qui permet d'avoir confiance dans le futur même si le présent semble peu prometteur.

Comment la foi se développe-t-elle?

La foi naît, se développe et grandit à partir d'expériences positives. Chaque fois qu'on se sent aimé, elle se renforce, prend de la vigueur, à la condition qu'on réponde à cet amour. Lorsque nous croyons en Dieu, la volonté divine devient alors l'autorité suprême qui gouverne notre vie, spécialement lors des situations où nous nous sentons vulnérables, sans défense, impuissants.

C'est ce dynamisme intérieur qui nous permet d'avancer dans l'obscurité et de croire fermement que la lumière est au bout du tunnel. C'est cette foi à toute épreuve qui nous procure cette joie intérieure que personne ne peut nous enlever et qui nous permet de rester calmes au milieu des plus grands tumultes.

La foi est une puissance de vie qui augmente notre énergie et procure un rayonnement qui réchauffe ceux qui entrent en contact avec nous.

La foi est présente dans chaque geste de notre vie, elle est une motivation à agir.

Ceux qui placent leur sécurité dans le pouvoir ou dans la science ne se doutent peut-être pas de la relativité et de la limite de cette sécurité et qu'il en faut de peu pour qu'elle soit renversée. L'histoire nous le démontre et elle a tendance à se répéter au cours des siècles.

Freud qui avait placé sa confiance dans la science écrit: «C'est la recherche scientifique qui pourra découvrir quelque chose à propos de la réalité du monde. Alors nous serons plus puissants et ces découvertes nous permettront de mieux guider notre vie.» Aussitôt après, Freud s'empresse de se demander si cette certitude n'est pas illusoire[1]?

Lowen (1975) pour sa part, affirme que le monde d'aujourd'hui est dans une situation dangereuse voire même désespérée parce que nous avons beaucoup trop de puissance et pas assez de foi. Il ne peut guère, au dire de l'auteur, n'y avoir que deux issues possibles: la fuite dans la dépression ou dans la révolte stérile[2].

Celui qui vénère la puissance et dépend d'elle n'a-t-il pas de fortes chances de devenir destructeur?

Qu'est-ce qu'avoir la foi?

Jean Guitton (1987) nous donne une réponse: «Avoir la foi, c'est garder l'invincible espérance que maintenant ou demain, dans ce monde-ci ou dans un autre monde, après de longues vicissitudes ou dans un seul instant, le Bien sera vainqueur. Tous les esprits, qu'ils soient athées, qu'ils soient croyants, communient à cette espérance. Ou, s'ils la repoussent par désespoir, ils se retranchent des vivants.

Survivants ou suicidés, ils ont le sentiment, surespérant ou désespéré que les plus grandes réussites de la vie sont du côté des plus grands risques[3].»

Le Général Foch qui avait à prendre des décisions dont dépendaient des milliers de vies humaines n'arrivait pas toujours à l'évidence de la solution qui s'imposait. Fallait-il déclencher l'offensive ou attendre encore? Fallait-il la déclencher à droite ou à gauche? Il y avait des probabilités pour les deux partis. Alors ayant épuisé tous ces moyens, il faisait un acte de foi en la Providence et il partait. Que d'exemples ne pourrions-nous pas donner de personnes de foi qui ont su triompher des plus grands périls! Ces personnes ont su s'en remettre totalement entre les mains de la Divine Providence.

«Je n'ai jamais été véritablement mon maître. Je puis avoir bien des plans, mais je ne fus jamais en liberté d'en exécuter aucun. J'avais beau tenir le gouvernail, quelque forte qui fût la main, les lames subites et nombreuses l'étaient bien plus encore et j'avais la sagesse d'y céder plutôt que de sombrer en voulant y résister obstinément» (Curé d'Ars).

La tenacité des saints dompte les circonstances. Leurs entreprises n'étant que celles du Tout-Puissant, rien au monde ne peut les faire plier.

Le grand aviateur français Jacques d'Arnoux (1982) faisait cette prière: «Je sais que vous êtes, ô mon Dieu, puisque je suis.

Je vous pressens par les reflets de votre Face, par toutes ces lueurs éparses que la création réverbère. Je vous pressens par les soulèvements sublimes de mon âme et par cette ombre infinie projetée sur ses flots, mais vous êtes bien loin, bien loin ô Dieu caché. Souvenez-vous de votre promesse. Vous avez dit: 'Il criera vers moi et je l'exaucerai[4].'»

La foi n'exclut pas la solitude et l'angoisse. Le Christ lui-même a connu l'angoisse de la mort et cela jusqu'à la sueur du sang et jusqu'au cri de la croix. «Mon Dieu, pourquoi m'as-tu abandonné» (Mt 27, 46).

La foi se présente sous deux aspects bien distincts: un aspect intellectuel, dogmatique, un crédo, une adhésion à la Révélation; et un aspect d'expérience, une rencontre avec Dieu, une amitié avec Lui.

La foi n'élimine pas les difficultés et les efforts pour survivre à toutes nos pertes et à la mort plus spécifiquement. Dans le «Dialogue des Carmélites» de Bernanos, Sœur Blanche est morte. Une jeune religieuse qui l'a beaucoup admirée pour sa foi exemplaire est bouleversée et s'interroge à son sujet: «Qui aurait pu croire qu'elle aurait tant de peine à mourir.»

Il y a un facteur physique dans l'angoisse de la mort qui nous rappelle que nous ne sommes pas de purs esprits. C'est cette faiblesse animale qui nous vaut la compassion de Dieu et non pas nos vertus spirituelles. Le Dr Paul Tournier affirme: «La foi chrétienne, c'est accepter sa vérité intérieure, confesser son angoisse et mettre notre confiance dans la grâce de Dieu[5].»

Il nous faut beaucoup d'enthousiasme pour traverser la vie dans la foi, elle accomplit des miracles, car elle est un reflet de la vie.

«Rien n'est impossible!
Il n'y a pas d'impossible!
L'impossible n'existe pas!
Tout est possible.

Ne soyez pas faibles!
N'ayez pas peur! de personne!
En vous habite le mot sacré,
Le mot merveilleux
Le mot Tout-Puissant: le Possible!
Tout est possible
Si votre foi est aussi grande
qu'un grain de moutarde[6].»

En acceptant de vivre ses pertes dans la foi, la personne s'autoréalise, c'est ce qui fait dire à Lain-Entralgo (1966): «La croissance biologique et psychique d'un être humain est l'histoire d'une *lutte pour l'autoréalisation.* Lutte dans laquelle se conquiert la progressive conversion du 'moi idéal' en 'moi réel'. Ainsi lorsque j'espère quelque chose, quel qu'en soit le contenu, mon espérance tend au but perpétuel et ascendant de l'autoréalisation[7].»

La voie de la réalisation est longue, mais:

«Ceux qui se confient dans le Seigneur prennent de nouvelles forces, ils élèveront leur vol comme les aigles, ils courront et ne se fatigueront point, ils marcheront et ne se lasseront point» (Is 40, 31).

François Varillon (1981) nous présente *les cinq pas de la foi.*

Premier pas: toute personne est en situation de foi

Le simple fait de vivre, met toute personne en situation de foi au sens le plus profond du mot. L'auteur donne l'exemple du semeur, qu'il soit croyant ou incroyant, il est en situation de foi. Quand il sème, il n'a pas une évidence de la moisson. Le croire est enraciné dans le «vivre». Vivre, c'est croire.

*Deuxième pas: en toute action, petite ou grande,
la personne cherche le bonheur*

N'est-ce pas toujours en vue du bonheur que nous agissons? Petit bonheur dans le détail de la vie concrète ou bonheur profond dans l'amour, l'amitié ou la culture, peu importe! Même ceux qui se suicident cherchent le bonheur (bonheur négatif, suppression de la souffrance).

Troisième pas: la recherche du bonheur est soumise aux valeurs

En cherchant le bonheur, nous pouvons viser à assouvir un égoïsme tenace, comme vouloir faire mon bonheur au détriment du bonheur des autres, nous pouvons les exploiter, les voler, les assassiner.

Ici, intervient la philosophie des valeurs. Avoir le sens des valeurs, c'est avoir une conscience qui lui rappelle continuellement ce qui est selon la «justice» ou selon la «vérité».

Des milliers de personnes qui ne reconnaissent pas le Dieu de Jésus Christ de l'Évangile et de l'Église, le connaissent déjà dans la mesure où ils soumettent leur recherche du bonheur au critère des valeurs.

Dans l'éducation chrétienne des enfants, il est essentiel de commencer par là. Sinon, nous risquons de parler d'un Dieu qui n'aurait rien à voir avec les valeurs de justice, de liberté et de fraternité.

Quatrième pas: passage des valeurs impersonnelles à Quelqu'un

Pour savoir ce qu'est la foi chrétienne, il y a deux pas à franchir: d'abord le passage des valeurs impersonnelles à Quelqu'un, à une Personne vivante qui fonde ces valeurs, qui les vit elle-même. Ici-bas, personne ne peut dire: je suis la Vérité, je suis la Justice, je suis la Liberté. Celui que nous appelons Dieu est celui qui peut dire: la Vérité, c'est moi; la Justice, c'est moi, la Liberté, c'est moi.

Cinquième pas: ce Quelqu'un n'est qu'Amour

Jésus Christ me dit par sa vie et par sa mort qu'il est Amour.

Selon Vatican I: la foi est surnaturelle, c'est-à-dire qu'elle est un don de Dieu. En se donnant à l'homme en Jésus Christ, Dieu donne à l'homme de pouvoir accueillir le don qu'il fait et d'y adhérer[8].

Pourquoi sommes-nous chrétiens?

Nous sommes chrétiens parce que, en obéissant à notre conscience qui nous commande de respecter et de promouvoir les valeurs qui s'appellent Vérité, Beauté, Justice et Liberté, nous aimons Quelqu'un qui nous aime.

Vivre l'Évangile, c'est entrer dans la logique de l'amour tout au long d'un devenir.

Kierkegaard, grand philosophe existentialiste, nous présente dans son livre «La difficulté d'être chrétien», combien il est difficile de devenir chrétien et quelle force d'esprit requiert la foi. L'auteur affirme: «Parce qu'il croit, le chrétien est délivré du 'lendemain'. Le croyant prend l'attitude inverse de celui qui se tourmente, et qui, tout à l'inquiétude du «lendemain» oublie complètement le jour présent.

Le croyant est un «présent» et suivant le sens de ce mot en latin, il est un *puissant*. Celui qui se fait des tourments est un *absent,* un *impuissant,* souvent nous entendons formuler le vœu d'être contemporain de tel grand homme, de tel grand événement.

On s'imagine que cette contemporanéité pourrait faire de soi un grand personnage, peut-être, mais ne voudrait-il pas mieux désirer être contemporain de soi-même? Car la plupart sont à des centaines et à des milliers de lieues en avant d'eux-mêmes, dans le sentiment, l'imagination, les desseins, les résolutions, les désirs, les aspirations, leur vision d'apocalypse, les illusions de théâtre. Du moins, sont-ils à plusieurs étapes de la vie en avant d'eux-mêmes. Mais le croyant, le «présent» est contemporain de lui-même au sens le plus élevé du mot et ce qui est le plus propre à cultiver, à développer un homme c'est d'être grâce à l'Éternel entièrement contemporain de soi, le jour présent, c'est là le gain de l'éternité.

Et cette contemporanéité du jour présent, c'est lorsqu'on s'en acquitte qu'on a la foi. Aussi, le chrétien loue-t-il à l'exemple d'un des plus stricts pères de l'Église un mot de Cyrac où il voit non une règle de sagesse, mais la crainte de Dieu:

«Aime ton âme
console ton cœur
et chasse le souci loin de toi»

Et qui est aussi cruel comme l'est envers lui-même celui qui se tourmente! Mais, tous ces tourments, toutes ces tortures qu'il se ploie cruellement à inventer et à s'infliger se résument dans ce mot «le lendemain».

Quand le chrétien travaille ou prie, il ne pense qu'au jour présent. Il demande le pain quotidien aujourd'hui, la sauvegarde des pièges du mal aujourd'hui, la grâce de s'approcher du royaume de Dieu aujourd'hui. Car si un homme instruit des sujets d'effroi fait en son âme cette prière:

«Sauve-moi ô mon Dieu de moi-même et du lendemain», il ne prie pas en chrétien. Et, le lendemain a déjà pris sur lui un grand empire. Car le chrétien prie ainsi: «Délivre-moi aujourd'hui du mal.»

C'est la plus sûre façon d'être sauvé du lendemain outre qu'elle se prête à la prière de chaque jour. Le lendemain se montre aussitôt, mais le chrétien n'oublie pas un seul jour de prier et c'est pourquoi il fait son salut tout le long de sa vie.

La foi sauve son courage, sa joie, son espérance. Le terrible ennemi «le lendemain» est là, mais le chrétien ne dessine pas le diable sur le mur, il n'évoque pas le mal et la tentation, il ne parle jamais du lendemain, mais seulement «d'aujourd'hui» et il en parle avec Dieu.

Références

1. S. Freud, *L'avenir d'une illusion*, Paris, P.U.F., 1971.
2. Dr Alexander Lowen (1975), *La dépression nerveuse et le corps*, Éd. Tchou, pp. 197-203.
3. Jean Guitton (1987), *Silence sur l'essentiel*, Éd. Desclée de Brouwer, p. 102.
4. Jacques D'Arnoux (1982), *Les sept colonnes de l'héroïsme*, Éds de Chire, p. 197.
5. Paul Tournier (1971), *Apprendre à vieillir*, Éd. Delachaux & Niestlé, Neuchâtel — Paris, p. 263.
6. Gitta Mallasz (1984), *Les dialogues tels que je les ai vécus*, Éd. Aubier, pp. 104-105.
7. Pedro Lain-Entralgo (1966), *L'attente et l'espérance*, Desclée de Brouwer, p. 54.
8. François Varillon (1981), *Joie de croire, Joie de vivre*, Éd. Le Centurion, pp. 231-236.

** CHAPITRE QUATORZIÈME**

LA JOIE « D'ÊTRE »

«Quand je songe à tous les êtres possibles
qui auraient pu naître à ma place,
ou la vôtre, si un seul de mes aïeux
avait louché du côté de votre aïeule,
je tremble de devoir l'existence à un
fil si tenu. Et j'ai un peu honte
d'être l'héritière d'une vie qui aurait
pu échoir à quelqu'un d'autre.
Car ceux-là qui n'ont pas reçu
l'existence se moquent bien de
toutes nos ambitions, et de nos
rêves de pouvoir et de supériorité.
La vie leur eût suffi. Dire que
c'est nous, d'entre les milliards
de milliards de possibles, qui avons
hérité de l'existence.»

Antonine Maillet

La première démarche de l'ontologie, c'est de nous mettre en présence de l'être.

Saint Thomas d'Aquin déclare: «Ce qui se présente d'abord à l'intelligence, c'est l'être»; «ce que l'intellect conçoit tout d'abord comme la chose la plus connue, ce à quoi, il ramène tous ses concepts, c'est l'être[1].»

Le sens commun emploie le verbe être; à l'occasion même, il parlera de l'existence.

Le métaphysicien cherche à en dégager le contenu, la structure originale comme le savant qui ne se contente pas de savoir que l'homme, l'animal, le végétal rentrent dans l'extension du genre vivant, mais veut connaître en quoi consiste précisément cette propriété commune de la vie.

Le verbe «exister» a fini par devenir l'équivalent de «être» au sens appelé précisément «existentiel».

Le sens premier de «exister» est: sortir au dehors, apparaître, se manifester[2].

Pour la philosophie moderne comme pour le langage courant «exister» ne dit rien de plus que «être».

Qu'est-ce que «être»

«Être» n'est pas un état statique où rien ne change, il est une réalité vivante dans laquelle il y a «liberté». Liberté de laisser derrière le passé pour vivre pleinement le présent. Vivre pleinement le présent nous amène à une conquête continuelle sur soi-

même. Une conquête intérie... de
s'adapter, de fructifier, de s'...

L'être est donc présent au ... lle.
C'est essence et existence: c'e... noi.
J'existe, je suis.

Apprécions-nous à sa ju... que
nous avons «d'être»? d'avoi... toute
éternité?

Cette possibilité de conti... Créateur ne nous permet-elle pa...

Sous peine de cesser de ... ique, il
nous faut continuellement ... n développant ses aptitudes créa... es aidés
par le désir qui prend sa s... mentale
de vivre.

Notre fonction primordiale n'est-elle pas de ressembler le plus possible à l'Esprit absolu? de nous diviniser en participant à l'Esprit?

L'existence est relation, plus la relation est riche, plus il y a de présence et donc «d'existence». Nous n'existons à notre vrai niveau que dans l'amour. Le mot «amour» est un de ces mots «problématiques» qui désignent ce qui n'existe pas encore, mais pourrait, devrait exister, mots que nous ressentons comme des promesses (paradis), plénitude, Dieu, absolu, etc.

Il désigne un horizon. Cette relation merveilleuse s'impose comme condition d'une existence accomplie. L'amour est à la fois ce qu'il y a de plus intime et de plus lointain. C'est une complexité en état d'émergence. Elle semble mûrir à travers nous. Elle nous permet de trouver un sens à notre vie, de pénétrer dans l'Être à travers notre volonté de dépassement et d'achèvement.

Le sacré se situe à l'intérieur de nous. C'est notre foi active en l'Esprit qui agit par nous, en nous qui est notre assise et nous centre dans «notre existence».

Notre «existence» est par elle-même «signe».

«L'acte 'd'être' 'l'esse', dit position de soi, affirmation de soi, adhésion active à soi, il implique évidemment la valeur! Il est bon pour l'être d'exister; tout être possède donc en tant qu'existant une bonté radicale[3].»

Le terme dernier de notre affirmissement dans l'être n'est-ce pas de trouver le chemin de la Joie?

Qu'est-ce que la Joie?

La joie, selon Schutz (1974), est une disposition profonde de l'esprit et du cœur qui réchauffe l'entourage. Elle est faite de sérénité, de confiance, de paix en dépit des obstacles, du chemin. Elle suppose un jugement sage, l'égalité d'humeur, le sens de l'humour, l'appréciation optimiste des gens, des faits et des événements[4].

La joie est contagieuse, elle ne se laisse pas arrêter par la gêne, la peur du jugement, l'échec, elle transforme les comportements, pensées et sentiments destructeurs et paralysants en attitudes créatrices et constructrices. Cette démarche est difficile, elle demande de la ténacité, du recueillement et de la réflexion.

«Je ne suis présent que dans la joie
Ta joie rend ma Présence facile[5].»

Quand l'inertie semble triompher et que la démission est à notre portée, un sursaut vital nous délivre de l'étreinte où nous succombions et il nous donne la force de reprendre la lutte de notre montée vers l'Être. Celui auquel nous ne pouvons penser réellement qu'en faisant le silence en nous-mêmes est aussi celui qui nous aide à retrouver notre joie d'être, à nous découvrir.

même. Une conquête intérieure, une volonté de grandir, de s'adapter, de fructifier, de s'actualiser.

L'être est donc présent au fond de toute l'activité spirituelle. C'est essence et existence: c'est moi dans l'être et l'être en moi. J'existe, je suis.

Apprécions-nous à sa juste valeur cette grande chance que nous avons «d'être»? d'avoir été dans la pensée de Dieu! de toute éternité?

Cette possibilité de continuer l'œuvre sublime de notre Créateur ne nous permet-elle pas de nous actualiser?

Sous peine de cesser de mener une existence authentique, il nous faut continuellement «s'engendrer», se faire être en développant ses aptitudes créatrices. Pour cela nous sommes aidés par le désir qui prend sa source dans *la volonté fondamentale de vivre*.

Notre fonction primordiale n'est-elle pas de ressembler le plus possible à l'Esprit absolu? de nous diviniser en participant à l'Esprit?

L'existence est relation, plus la relation est riche, plus il y a de présence et donc «d'existence». Nous n'existons à notre vrai niveau que dans l'amour. Le mot «amour» est un de ces mots «problématiques» qui désignent ce qui n'existe pas encore, mais pourrait, devrait exister, mots que nous ressentons comme des promesses (paradis), plénitude, Dieu, absolu, etc.

Il désigne un horizon. Cette relation merveilleuse s'impose comme condition d'une existence accomplie. L'amour est à la fois ce qu'il y a de plus intime et de plus lointain. C'est une complexité en état d'émergence. Elle semble mûrir à travers nous. Elle nous permet de trouver un sens à notre vie, de pénétrer dans l'Être à travers notre volonté de dépassement et d'achèvement.

Le sacré se situe à l'intérieur de nous. C'est notre foi active en l'Esprit qui agit par nous, en nous qui est notre assise et nous centre dans «notre existence».

Notre «existence» est par elle-même «signe».

«L'acte 'd'être' 'l'esse', dit position de soi, affirmation de soi, adhésion active à soi, il implique évidemment la valeur! Il est bon pour l'être d'exister; tout être possède donc en tant qu'existant une bonté radicale[3].»

Le terme dernier de notre affermissement dans l'être n'est-ce pas de trouver le chemin de la Joie?

Qu'est-ce que la Joie?

La joie, selon Schutz (1974), est une disposition profonde de l'esprit et du cœur qui réchauffe l'entourage. Elle est faite de sérénité, de confiance, de paix en dépit des obstacles, du chemin. Elle suppose un jugement sage, l'égalité d'humeur, le sens de l'humour, l'appréciation optimiste des gens, des faits et des événements[4].

La joie est contagieuse, elle ne se laisse pas arrêter par la gêne, la peur du jugement, l'échec, elle transforme les comportements, pensées et sentiments destructeurs et paralysants en attitudes créatrices et constructrices. Cette démarche est difficile, elle demande de la ténacité, du recueillement et de la réflexion.

«Je ne suis présent que dans la joie
Ta joie rend ma Présence facile[5].»

Quand l'inertie semble triompher et que la démission est à notre portée, un sursaut vital nous délivre de l'étreinte où nous succombions et il nous donne la force de reprendre la lutte de notre montée vers l'Être. Celui auquel nous ne pouvons penser réellement qu'en faisant le silence en nous-mêmes est aussi celui qui nous aide à retrouver notre joie d'être, à nous découvrir.

Dieu est la seule puissance et cette puissance est en nous. Il n'existe qu'un seul plan divin et *il se réalise présentement.*

«Tu es ma lumière Seigneur.
Tu me montres la bonne route.
Avec Toi je ne puis rien craindre.
Avec Toi je puis tout oser.
Dieu! ta voie est sans reproche
et ta parole digne de louange.
Tu m'as donné cette confiance, Seigneur
fais-moi porter ton Nom parmi les hommes» (2 S, 22, 29ss).

L'être sage est joyeux parce qu'il replace toutes choses dans l'ordre et sait qu'il peut en résulter des effets heureux quoi qu'il advienne. Il vit dans la paix. Conquérir la paix, c'est donc, avec sagesse, prendre conscience de la relativité des choses et des événements et s'établir dans une tranquille possession de soi-même. Que peut-il nous arriver? Le Christ ne nous promet-il pas la joie?

«Vous allez gémir et vous lamenter tandis que le monde se réjouira; vous serez affligés, mais votre affliction tournera en joie... Vous êtes maintenant dans l'affliction, mais je vous verrai de nouveau. Votre cœur alors se réjouira et cette joie, nul ne vous la ravira» (Jn 16, 20, 22).

Assumer son existence dans la paix et dans la joie, c'est se donner la chance de vivre en équilibre et de favoriser notre achèvement et notre maturation, c'est aussi vivre dans l'émerveillement.

«Mon cœur est dans la joie, car tu me sauves» (Ps 12, 6).

Voici les propos d'une religieuse amie trappistine qui vit dans la «joie d'être» et qui nous apporte son témoignage qu'elle intitule:

Savoir s'émerveiller

«Je voudrais relater l'une de mes méditations, façon de rendre grâce à Dieu pour sa Création.

C'était l'été, il faisait beau et bon. Je me promenais un matin et levant les yeux, je vis, émergeant derrière les arbres, un disque radieux d'un feu vermeil dont les rayons glorieux s'élançaient vers le ciel et je dis: 'Seigneur de ton soleil, je m'émerveille!'

Je marchais lentement tout en méditant quand j'aperçus, perché sur une branche de sapin, un petit pinson aux ailes grises dont les notes argentées, portées par la brise, semblaient s'unir aux harmonies du ciel. Je dis: 'Seigneur, je m'émerveille!'

J'avançais toujours d'un pas alerte et je vis dans l'herbe verte, une jolie chenille vêtue de duvet jaune. Confiante, elle s'avançait presque sous mes pieds, mais je me gardai bien de l'écraser, elle était si belle. Je dis: 'Seigneur, je m'émerveille!'

À peine avais-je fait quelques pas et je vis des papillons aux multiples couleurs qui, sans faire de cuisine, grignotaient les fleurs de Sœur Jacqueline. Puis ils s'envolèrent. 'De leurs jolies ailes, Seigneur, je m'émerveille!'

Plus j'avançais, plus je m'émerveillais lorsque j'entends, au-dessus de ma tête, un curieux croassement, c'était un gros oiseau noir qui se balançait, sans peur, bravant les lois de la pesanteur et tout heureux d'avoir des ailes. C'était une corneille. 'Seigneur, je m'émerveille!'

J'allais tranquillement en pensant quand je vois à deux pas de moi quelque chose qui grouille, qui s'étire, qui frétille, hélas! C'est un reptile! long comme le bras, le ventre à terre et la tête en l'air. D'instinct, je me sens reculer me demandant comment m'émerveiller puisque Dieu mit entre celui-ci et la femme une inimitié? Mais comme la couleuvre apparemment n'est qu'une lointaine parenté du rusé serpent et qu'elle se nourrit, dit-on, des insectes malfaisants, je voulus bien m'émerveiller, mais en demeurant éloignée.

Comme c'était dimanche et que j'avais du temps pour méditer, j'allais m'asseoir un peu quand j'aperçus un siffleux, à demi caché, près d'un sapin; il me regardait d'un air fin avant d'aller manger au jardin. J'admirai cette jolie bête à la toison si belle et je dis: 'Seigneur, je m'émerveille!'

Mais qu'est-ce que je vois là-bas, est-ce un chat? C'est noir et blanc. Hélas! C'est la charmante bête puante! Doucement sans bruit, je déguerpis. J'allai plus loin m'émerveiller pour ne pas me faire arroser de sa lotion parfumée à jets répétés qui, sans pitié, nous irrite le nez! mais défense sans pareille m'émerveille!

Puis voilà un petit crapaud; ce n'est pas très beau, ni très fin, mais utile au jardin. Le jour, il se cache, la nuit, il veille. C'est une merveille! Enfin, j'élargis mes sentiers et l'après-midi, j'allai de l'autre côté toujours dans notre cour. Là je vis une gentille petite créature, brun clair au dos rayé de blanc, un peu comme les gardes du Vatican dont on a jugé bon qu'elle porte gentiment le nom, c'est un suisse. Dans un arbre, rapidement, il monte et descend et semble chercher quelque chose ou plutôt quelqu'un... justement, voilà Sœur Anne-Marie qui approche, sort une 'peanut' de sa poche et près d'une grosse motte, lance sa 'peanut'. D'un bond dans ses petites pattes, il l'attrape et repart avec une vitesse sans pareille. Quelle adresse, je m'émerveille!

Enfin, j'admire, là-bas, le beau fleuve géant, le St-Laurent qui miroite sous les rayons radieux du soleil et songeant à tous les ruisseaux, les sources et les cours d'eau, je dis: 'Seigneur, je te rends grâce de toutes tes merveilles.'

Mais je vois que l'heure passe et qu'il faut rentrer. Je retourne donc par la porte d'arrière et voilà que notre chien vient à ma rencontre jusqu'au bout de sa corde, heureux de me voir, car il me connaît bien, il se tortille agitant sa queue tant qu'il peut. A-t-on jamais vu pareil? Je m'émerveille. Après lui avoir fait une caresse qu'exige sa gentillesse, je rentre. Je me rends à la chapelle et là je suis encore émerveillée de la piété de mes sœurs priant avec ferveur devant l'Auteur de la nature, alors que j'avais prié devant la nature de l'Auteur. Et Jésus semblait me chuchoter à l'oreille: 'Chacune de tes sœurs, c'est une merveille.'

Puis il y a bien d'autres choses pour nous émerveiller où la Présence de Dieu et sa bonté sont manifestées, mais je n'en finirais pas cette année, il faut bien me borner...

Vient l'heure du coucher, je regardai par la fenêtre et de nombreux petits nuages blancs colorés par le soleil couchant paraissaient comme autant de roses dans une immense corbeille, c'était merveille!

Après avoir récité mes trois Ave Maria près de Jésus et Marie, Merveilles bénies! je m'étendis et m'endormis rêvant aux merveilles du ciel.

Avec tous mes frères et sœurs.

Merci Seigneur.»

Mariale

Références

1. Somme théologique de saint Thomas d'Aquin, 1-11, 55, 4 ad 4e. «Illud quod primo intellectus concepit quasi notis semune et in quo omnes conceptiones resolvit est ens» (de Veritate, 1. 1).
2. Gilson (1949), *L'être et l'essence,* chapitre 1: Le vocabulaire de l'être.
3. Joseph De Finance (1966), *Connaissance de l'Être,* Traité d'Ontologie, Éd. Desclée de Brouwer, pp. 182-186.
4. William Schutz (1974), *Joie,* Éd. Épi, p. 44.
5. Gitta Mallasz (1984), *Les dialogues tels que je les ai vécus,* Eds Aubier, pp. 85-87.

CONCLUSION

Les situations de «deuil» jalonnent notre vie. Devant la perte, un sentiment profondément humain de désarroi, de vide, d'impuissance, de solitude et d'abandon nous envahit. Sous le coup de l'affliction, nous pouvons souhaiter être mort. Mais presqu'immanquablement, il faut se reprendre et continuer de vivre l'actualité du moment présent.

Nous avons besoin de forces. Où pouvons-nous puiser cette énergie dont nous avons besoin si ce n'est en Celui qui nous a dit: «Cherchez et vous trouverez; demandez et vous recevrez.»

La vie nous demande souvent de «laisser aller», «laisser partir». Ces nombreux «lâcher prise» peuvent nous conduire sur la voie de l'abandon et de la parfaite conformité à la volonté de Dieu ou peuvent nous maintenir dans la colère et la révolte.

La plus grande grâce à demander ne serait-elle pas celle de l'Acceptation?

Accepter, c'est dire oui à Dieu, c'est avoir l'attitude de la Vierge à l'Annonciation «Qu'il me soit fait selon ta parole».

Magnificat anima mea Dominum.

BIBLIOGRAPHIE

Achte, K.A. (1977), Perspectives on Death and Suicide in B.L. Danto, A.H. Kitscher (Eds), *Suicide and Bereavement*, New York: Arno-Press, pp. 73-89.

Aries, Philippe (1975), *Essais sur l'histoire de la mort en Occident du Moyen Âge à nos jours*, Éd. du Seuil, Paris.

Averill, J.R. (1968), Grief Its Nature and Significance, *Psychological Bulletin, Vol. 70,* n° 6, pp. 721-748.

Bacchler, J. (1975), *Les suicides*, France Éd. Calmann.

Bédard, Jean (1986), *La relation d'entraide*, Éd. de Mortagne, Montréal.

Berardo, M. Felix (1970), Survivorship and Social Isolation: The Case of the Aged Widower. *The Family Coordination January*, pp. 11-22.

Berger, Maurice et F. Hortala (1974), *Mourir à l'hôpital*, Éd. du Centurion.

Bowlby, John (1980), Attachment and Loss: *Volume III Sadness and Depression*, New York: Basic Books.

Bowlby, John (1961), Childhood Mourning and Its Implications for Psychiatry, *The American Journal of Psychology, vol. 128,* n° 6, December.

Bowlby, John (1960), Separation Anxiety, *International Journal of Psychoanalysis, 41*, pp. 89-113.

Brideau, A. (1984), Intégration psychique de la mort, *Medium, n° 23*, automne.

Cahier n° 2, Le Deuil (1985), U.Q.A.H.

Clayton, P.J. (1974), Mortality and Morbility in the First Year of Widowhood, *Archives of General Psychiatry,* 30, pp. 747-750.

Chica Mgr (1962), *L'apôtre du XXe siècle,* Éd. Nouvelles Éditions Latines.

D'Anjou, Bibiane (1982), L'événement de la mort chez les enfants: une perspective éducative, *Santé mentale au Québec,* vol. 7, n° 2, novembre, p. 42.

Danto, B.L. (1977), Family Survivors of Suicide, in B.L. Danto, A.H. Kitsher (Eds), *Suicide and Bereavement,* New York, Arno Press, pp. 11-20.

D'arnoux, Jacques (1982), *Les sept colonnes de l'héroïsme,* Eds de Chire.

Drabrowski, Kozemiertz (1972), *La croissance mentale par la désintégration positive,* Éd. St-Yves.

Delisle, Isabelle (1982), Vivre son mourir, Éd. de Mortagne.

Desjardins, Arnaud (1983), *Pour une mort sans peur,* Éd. La Table ronde.

Deunov, Peter (1968), *La sagesse,* Éd. Grain de blé.

Deutsch, Hélène (1937), *Absence of Grief, in Anticipatory Grief,* B. Schenberg, et all..., Eds Columbia University Press, New York.

Dongier, Dr Maurice (1983), La dépression, *Le médecin du Québec, novembre.*

De Finance, Joseph (1966), *Connaissance de l'Être, Traité d'ontologie,* Éd. Desclée de Brouwer.

Ferrari, Pierre (1976), *Les séparations de la naissance à la mort,* Éd. Édouard Privat, Toulouse.

Fliegel, M.L. (1977), Bereavement as a Cause of Suicide in B.L. Danto, Danto A.H. Kitsher (Eds), *Suicide and Bereavement,* New York, Arno Press, pp. 32-38.

Fenichel, Otto (1945), *The Psychoanalytic Theory of Neurosis,* New York, W.W. Norton Co.

Freud, S. (1976), Deuil et mélancolie in S. Freud: *Métapsychologie,* Gallimard, Paris.

Freud, S. (1975), *Cinq leçons sur la psychanalyse,* Paris Payot.

Freud, S. (1971), *L'avenir d'une illusion,* Paris, P.U.F.

Gibran, Khalil (1986), *Les ailes brisées,* Éd. de Mortagne, Montréal.

Glick, Weiss et Parkes (1974), *The First Year of Bereavement,* New York: Wiley Interscience.

Guitton, Jean (1987), *Silence sur l'essentiel,* Éd. Desclée de Brouwer.

Halpern, Dr Howard (1983), *Adieu,* Éd. Le Jour.

Johnson, D., M. Raymond (1976), Les sentiments de l'homme à l'approche de la mort, *Annales de psychothérapie,* T.V.H., n° 12, pp. 5-9.

Kastenbaum, Robert, J. (1972), *The Psychology of Death,* Ruth Aisenberg, New York, Springer Pub. Co.

Kastenbaum, R. Casto P.T. (1977), *Psychological Perspectives on Death annual Review of Psychology,* pp. 28, 225-249.

Kübler-Ross, Elizabeth (1976), *La mort,* Eds Québec Amérique.

Kübler-Ross, Elizabeth (1975), *La mort dernière étape de la croissance,* Eds Québec Amérique.

Kübler-Ross, Elizabeth (1975), *Les derniers instants de la vie,* Éd. Labor et Fides.

Krech, Crutchfield, Livson, Krech (1979), *Psychologie,* Eds du Renouveau Pédagogique.

Lacroix, Jean (1965), *L'échec,* Eds P.U.F.

Lain-Entralgo, Pedro (1966), *L'attente et l'espérance,* Desclée de Brouwer.

Leist, Marielene (1981), *Dis pourquoi la mort?,* Éd. Cana.

Lindemann, E. (1944), Symptomatology and Management of Acute Grief. *American Journal of Psychiatry, 101,* 141-148.

Lindemann, E., M. Greer (1953), A Study of Grief: Emotional Responses to Suicide, *Pastoral Psychology, 4,* 9-13.

Lowen, Dr Alexander (1975), *La dépression nerveuse et le corps,* Éd. Tchou.

Lorand, Sandor (1946), *The Technique of Psychoanalytic Therapy,* New York International University Press.

Lukosevicius, Irena (1982), Les parents face à la mort de leur enfant, *Santé mentale au Québec,* Vol. 7, n° 2, novembre, p. 53.

Mallasz, Gitta (1984), *Les dialogues tels que je les ai vécus,* Éd. Aubier.

Monbourquette, Jean (1983), *Grandir,* l'art de transformer une perte en gain, Les éditions Richelieu Ltée.

Morton, Kelsey, *Healing and Christianity,* p. 299.

Parkes, C.M. (1972), *Bereavement: Studies of Grief in Adult Life,* New York International Universities Press, Inc.

Parkes, C.M. (1976), Grief and Bereavement Following the Death of a Spouse, *Canadian Psychiatry Association Journal, Vol. 21.*

Pelletier, Nicole (1982), Alerte devant le syndrôme de mort subite du nourrisson, *L'infirmière canadienne,* Juillet-août.

Pincus, Lily (1976), *Death and the Family,* First Vintage Books Edition, New York.

Philippe, Anne (1963), *Le temps d'un soupir,* Éd. Julliard.

Raimbault, G. (1976), *L'enfant et la mort,* Édouard Privat, Paris.

Renard, Pierre (1969), *Un nouveau ciel et une nouvelle terre,* Ed. Sila Jivott. Spiegel, Yarich.

Rheingold, C. Joseph (1964), *The Fear of Being a Women,* New York, Greene et Stratton.

Sarano, J. (1978), *La séparation, les départs et les ruptures dans la vie,* Paris, Centurion.

Scanlan, Michael (1975), *La guérison intérieure,* Éd. Pneumathèque.

Schutz, William, C. (1974), *Joie, l'épanouissement des relations humaines,* Éd. Épi.

Shneidman, E.S. (1979), The Gifted in L.D. Hank off, B. Einsidler (Eds), *Suicide Theory and Clinical Aspects,* Littleton, P.S.G. Publishing Co., pp. 309-322.

Spiegel, Yarich (1977), *The Grief Process, Analysis and Counselling,* Nashville, Abington.

Saint Thomas d'Aquin, Somme théologique, 1-11, 55, 4 ad 4e.

Susini, J. (1976), *L'être humain devant la mort, le chagrin et le deuil* Société de thanatologie de langue française, pp. 1-34.

Thomas, L.V. (1975), *Anthropologie de la mort,* Paris, Payot.

Tillich, Paul (1955), *The New Being,* Ed. Charles Scribner's and Sons, New York.

Tournier, Paul (1971), *Apprendre à vieillir,* Eds Delachaux & Niestlé, Neuchâtel, Paris.

Varillon, François (1981), *Joie de croire, Joie de vivre,* Éd. Le Centurion.

TABLE DES MATIÈRES

Préface	7
Les objectifs de cet ouvrage	9
Introduction	10
Avant-propos	13

Première partie

LES PERTES QUE NOUS VIVONS

Chapitre premier: LA PERTE	17
A) La perte versus le deuil	19
B) Différentes formes de pertes	29
Chapitre deuxième: LE COMPORTEMENT DE CHAGRIN ...	39
A) La résistance physique et psychologique face à la perte ...	42
B) Les différentes formes de chagrin	45
C) Le chagrin et le deuil en tant que phénomène de crise ...	50
Chapitre troisième: LE CHAGRIN PATHOLOGIQUE	55
A) Le deuil névrotique	58
B) Le deuil psychotique	63

Deuxième partie

LE PROCESSUS DE DEUIL AUX DIFFÉRENTS ÂGES DE LA VIE

Chapitre quatrième: LE DEUIL CHEZ L'ENFANT QUI PERD UN PARENT 73

Chapitre cinquième: RÉACTIONS DE DEUIL CHEZ L'ENFANT ET LES PARENTS 87

    A) Le deuil chez l'enfant qui se meurt 90
    B) Les parents face à la mort de leur enfant 100
    C) Les réactions des parents face à la naissance d'un enfant mort-né ou handicapé 107

Chapitre sixième: LE DEUIL CHEZ L'ADOLESCENT QUI SE MEURT 111

Chapitre septième: LES RÉACTIONS PHYSIQUES ET PSYCHOLOGIQUES À LA PERTE D'UN CONJOINT ... 121

    A) Le deuil chez les veuves 124
    B) Le deuil chez les veufs 128
    C) Le deuil chez une personne divorcée et chez celle non divorcée 134

Chapitre huitième: LES RÉACTIONS DE DEUIL DANS LA PERTE PAR LE SUICIDE 141

Chapitre neuvième: LE VÉCU DU DEUIL 153

    A) L'expérience du deuil chez une personne d'âge mûr 156
    B) Le comportement d'attachement versus l'expérience de détachement 159

Chapitre dixième: QUELQUES THÉRAPIES DE DEUIL 165

    A) La thérapie bio-énergétique 166

B) Les méthodes du psychodrame 167
C) Le rêve éveillé dirigé 169
D) Le rituel de l'héritage 170
E) La relation d'entraide 172
F) La guérison intérieure 173

Troisième partie

L'INTÉGRATION DU DEUIL

Chapitre onzième: LA PERTE QUI REDONNE UN SENS
À LA VIE 179

A) Les réactions face à la perte 182
B) Les attitudes face à la perte 184
C) Transformer une expérience de perte
   en expérience de croissance 186
D) L'intégration de la perte 187

Chapitre douzième: APPRIVOISER LA SOUFFRANCE 205

Chapitre treizième: UN FACTEUR DE SURVIE: LA FOI 221

Chapitre quatorzième: LA JOIE «D'ÊTRE» 233

Conclusion 243

Bibliographie 245

Achevé de réimprimer sur les presses de
Métrolitho Inc. — Sherbrooke
en octobre 1991

Imprimé au Canada — Printed in Canada